MARCO POLO

W0109208

KORSIKA

DEUTSCHLAND · SLOWA · Reisen mit **Insider Tipps**

SCHWEIZ · ÖSTERREICH · UNGARN

FRANKREICH · SLOWEN.

KROATIEN

Savona · Genua

AND · MONACO · La Spezia · RSM · BOSNIEN HERZEG. · SERBIEN

Marseille · Nizza · Livorno

Toulon · Piombino

SPANIEN · Korsika (F) · Bastia · MNE · KSV

Ajaccio · Rom · ITALIEN · MAK.

Sardinien (I) · Ischia · ALBA-NIEN

Baleáren (E) · Tyrrhenisches Meer · GRIECHEN-LAND

Mittelmeer

> Das Schöne an Korsika ist auch, dass
> es noch so viele naturbelassene Le-
> bensmittel gibt: Man kann ein Schaf
> direkt von der Weide beim Schäfer
> kaufen, sich einen Fisch angeln oder
> eine Orange vom Baum pflücken …
> *MARCO POLO Korrespondentin*
> *Julia Kühling*
> (siehe S. 134)

Das passt:
Der MARCO POLO Sprachführer Französisch

Weitere MARCO POLO Titel:
Nizza, Provence, Sardinien, Toskana

Spezielle News, Lesermeinungen und Angebote zu Korsika
www.marcopolo.de/korsika

KORSIKA

> SYMBOLE

Insider Tipp
MARCO POLO INSIDER-TIPPS
Von unseren Autorinnen für Sie entdeckt

MARCO POLO HIGHLIGHTS
Alles, was Sie auf Korsika kennen sollten

 **SCHÖNE AUSSICHT**

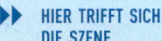 **WLAN-HOTSPOT**

▸▸ **HIER TRIFFT SICH DIE SZENE**

> PREISKATEGORIEN

HOTELS
€€€ über 130 Euro
€€ 80–130 Euro
€ bis 80 Euro
Preise für ein Doppelzimmer in der Hochsaison. Nachlass gibt es oft bei Halbpension

RESTAURANTS
€€€ über 35 Euro
€€ 18–35 Euro
€ bis 18 Euro
Die Preise gelten für ein Menü mit Vor-, Haupt- und Nachspeise, aber ohne Getränke

> KARTEN

[120 A1] Seitenzahlen und Koordinaten für den Reiseatlas Korsika

Karten von Ajaccio, Bastia u. Bonifacio finden Sie im hinteren Umschlag

Zu Ihrer Orientierung sind auch die Orte mit Koordinaten versehen, die nicht im Reiseatlas eingetragen sind

INHALT

> SZENE

S. 12–15: Trends, Entdeckungen, Hotspots! Was wann wo auf Korsika los ist, verraten die MARCO POLO Szeneautoren vor Ort

> 24 STUNDEN

S. 98/99: Action pur und einmalige Erlebnisse in 24 Stunden! MARCO POLO hat für Sie einen außergewöhnlichen Tag rund um Calvi zusammengestellt

> LOW BUDGET

Viel erleben für wenig Geld! Wo Sie zu kleinen Preisen etwas Besonderes genießen und tolle Schnäppchen machen können:

Billig: zum Baden im Bummelzug S. 43 | „Soldes": Schnäppchen im SSV S. 54 | Günstig und unterhaltsam: wandern in der Gruppe S. 64 | Auf dem See: günstig Fisch essen S. 72 | Auf dem Meeresboden: gratis und geführt spazieren gehen S. 87

> GUT ZU WISSEN

Was war wann ? S. 10 | Das Wappen Korsikas S. 19 | Spezialitäten S. 26 | Blogs & Podcasts S. 46 | Bücher & Filme S. 62 | Fischzucht S. 75 | www.marcopolo.de S. 108 | Was kostet wie viel? S. 111 | Wetter in Bastia S. 112

AUF DEM TITEL

Wandern im Naturreservat Pointe du Cap Corse S. 42 Coole Clubs in Porto-Vecchio S. 14

ENTDECKEN SIE KORSIKA!

Unsere Top 15 führen Sie an die traumhaftesten Orte und zu den spannendsten Sehenswürdigkeiten

Die Highlights sind in der Karte auf dem hinteren Umschlag eingetragen

 Sant'Antonino
Pittoreskes Dorf, auf der Spitze eines Hügels gelegen. Alte Gässchen und ein fantastischer Ausblick! (Seite 32)

 Calvi
Festungsstadt mit Flair und ein endlos weißer Strand am Schirmpinienhain (Seite 37)

 Nonza
Paradiesisches Schieferdorf mit Wachturm, schwarzem Strand und Cedrat-Museum (Seite 43)

⭐ **San Michele de Murato**
Aus grün-weißem Mauerwerk errichtetes Kirchlein hoch über der Ebene von Bastia (Seite 47)

 Golf von Porto
Welterbe der Vereinten Nationen, das Farbenspiel in der Bucht ist unvergesslich (Seite 55)

⭐ **Calanches de Piana**
Rotes Gestein in den tollsten Formen: Man kann sich gar nicht satt sehen! (Seite 56)

 Scandola
Majestätische Fischadler überfliegen das artenreiche, Land und Meer umfassende Naturreservat (Seite 57)

 „Micheline"
Wenn die Schmalspurbahn an Schluchten vorbei die Kurven hochschnauft, schlägt Ihr Herz höher (Seite 63 und 106)

> DIE BESTEN MARCO POLO HIGHLIGHTS

 Lac de Nino
Ein legendenumwobener See vor
prächtiger Bergkulisse: Schöner haben
Sie nie gepicknickt (Seite 65)

 Scala di Santa Regina
Der Zugang ins Niolo-Hochtal führt
durch diese fantastische Schlucht – mit
dem Auto oder zu Fuß (Seite 66)

 Hochplateau von Coscione
Weidetiere in Freiheit auf dieser
Hochalm und dazu der familienfreund-
liche Zweitausender Monte Incudine
(Seite 66)

 Pozzi du Renosu
Durch eine abwechslungsreiche
Landschaft geht es zu den berühmten
Feuchtwiesen (Seite 67)

 Col de Bavella
Auf der Passhöhe Trubel, Marien-
verehrung und Start zu vielen
Bergtouren, u.a. auf dem GR 20,
in den Schluchten darunter warten
Felsbadewannen (Seite 81)

 Bonifacio
Die fotogenste Stadt Korsikas liegt
spektakulär hoch oben auf den
Kalkklippen. Am Hafen und in der
Altstadt lässt es sich herrlich
bummeln (Seite 84)

 Capu di Roccapina
Ein Strand wie aus dem Paradies,
von einem Felslöwen und einem
Genueserturm bewacht, sowie eine
malerische Landspitze mit toller
Aussicht (Seite 88)

WAS FÜR EINE INSEL!

Küste bei Propriano

> Wenn Eingeweihte von Korsika sprechen, benutzen sie Begriffe wie „stolz" und „prächtig", „großzügig und „urwüchsig", „vermeintlich unnahbar" und „von rauer Schönheit". Dabei ist die Rede sowohl von der korsischen Landschaft als auch von der korsischen Seele. Die meisten Insulaner sind mit ihrer Heimaterde fest verwachsen, und auch Sie werden nicht lange brauchen, um Korsika zu lieben: feinsandige Buchten, glasklare Gebirgsbäche, imposante Felsen, kühne Gipfel, quirlige Bummelgassen, köstliche Schlemmereien, architektonische Kleinode, herzliche, freigiebige Menschen und dazu reichlich Sonnenschein.

> Sie ist wirklich unvergleichlich schön, diese Insel, die schon bei den Griechen in der Antike den Namen *kalliste,* die Schönste, trug. Von Nord nach Süd nur 183 km lang, keine 90 km breit, gleicht sie doch eher einem kleinen Kontinent als einer bloßen Insel. 1000 km stark gegliederte Küste umfassen ein Gebirgsmassiv, in dem kaum 30 km vom Meer 70 Gipfel über 2000 m hoch aufragen. Bis in den Juni hinein liegt hier oben Schnee, während das Meer schon mit 20 Grad warmem Wasser zum Baden lockt.

Die wasserreichen Flüsse, die aus dem Hochgebirge in die Ebenen schießen, haben schroffe Täler und tiefe Schluchten gegraben, im Unterlauf stellenweise breites Schwemmland aufgeschüttet. An ihren Mündungen breiten sich die herrlichsten Strände aus: mal grobsandig, den Winden ausgesetzt, mit gefährlicher Meeresströmung, mal mit feinem weißem Sand in perfekt sichelförmigen Buchten, das seichte Wasser

glitzernd klar. Dünen, Schirmpinien und Lagunen, jäh aufragende Felsen, genuesische Festungen – die unmittelbare Umgebung der Strände ist ebenso faszinierend wie der Blick von hier auf die Bergkulisse des Inlands.

> **Die Gebirgsseen sind unwiderstehlich schön**

Die regionale Zweiteilung der Insel in die Départements *Haute-Corse* und *Corse-du-Sud* entspricht der geologischen Gliederung in das Schiefermassiv des Nordostens mit dem Grenzfluss Tavignano und das Granitmassiv der südlichen Hälfte. Nur im Osten erstreckt sich eine breite Ebene hinter den endlos langen Stränden, sonst steigt das Gelände überall bald steil an. Macchiaüberwucherte Hänge bestimmen das Landschaftsbild bis in eine Höhe von etwa 500 m. Rosma-

Schlicht und schön: die romanische Basilika Santa Maria Assunta in St-Florent

rin, Mastix, Zistrose und Myrte strömen im warmen Sonnenschein betörende Düfte aus. Hier blüht es im Frühling zuerst. Im Mai, Juni bedeckt der Blütenflor dann auch die schattigen Anhöhen unter den Steineichen und den Edelkastanien, die bis etwa 800 m lichte Wälder bilden. Etwas höher bedecken mächtige Schwarzkiefern und windzerzauste Buchen die felsigen Hänge. Im Frühsommer sind die alpinen Wiesen ein Paradies für Blumenfreunde; unwiderstehlich schön auch in Fels gebetteten, leuchtend blauen Gebirgsseen, die tosenden Wasserfälle und die klaren, tiefen Felspools in den Flussbetten.

> **Aus Küstendörfern wurden blühende Badeorte**

In der tief zerfurchten Landschaft liegen die Dörfer häufig versteckt in Talkesseln. Andere thronen wie

Trutzburgen hoch auf Bergkämmen oder schmiegen sich an steile Hänge. Die etwa 280000 Einwohner von Korsika leben heute überwiegend an der Küste, 120000 allein in und um die beiden größten Städte Ajaccio und Bastia. In den Niederungen werden Wein, Obst, Futtermittel und Getreide angebaut. Der Fremdenverkehr hat zahllose Küstendörfer in blühende Badeorte verwandelt. Nur noch den Festungen rings um die Insel und den Dörfern im Inland sieht man an, dass Korsika jahrtausendelang von Fremdherrschaft gezeichnet war. Schon die Griechen gründeten im heutigen Aléria eine Kolonie. In den Zeiten, als Rom, Pisa und Genua das Sagen auf der Insel hatten, verlangten die Besatzer hohe Abgaben von den Korsen, ohne ihnen dafür sicheren Schutz zu bieten. Waren sie selbst in Konflikte verwickelt, verloren sie die Insel aus den Augen. Dann fielen die Sarazenen und Barbaresken ein, berüchtigte Seeräuber aus dem Maghreb, raubten die Insel aus und verschleppten ganze Dorfbevölkerungen in die Sklaverei. Verständlich also, dass sich die Korsen ins Hinterland zurückzogen.

Das traditionelle korsische Dorf liegt geschützt im Oberland, gedrängt stehen die Häuser um eine Kirche. Friedhöfe und Familiengrüfte liegen außerhalb, zahlreich und groß. Der Eindruck ist typisch mediterran, doch kärger und strenger. Das liegt nicht zuletzt daran, dass man zum Schutz die Wohnräume in den oberen Geschossen einrichtete und unten oft fensterlose Lager oder Ställe hatte, mit einer großen Tür, die sich gut verrammeln ließ. Besonders im Sü-

WAS WAR WANN?

den, wo sich die Clanherrschaft lange hielt und Blutrache die Familien entzweite, sind die Häuser auffallend hoch und schmal. Das Korsika, wie es die Franzosen 1769 erobert haben, muss man sich wohl recht traurig vorstellen. In den Bergen ein verarmtes Hirtenvolk neben wenigen wohlhabenden Großbauern. Dazu ein verbreitetes Banditenwesen. Im 19. Jh. setzte die Landflucht ein. Zigtausende brachen auf, um auf dem Festland, in den Kolonien oder in Amerika ihr Glück zu suchen. Wie die großen Kriegerdenkmäler allerorts bekunden, forderten der Erste und Zweite Weltkrieg große Opfer. 1943 ist Korsika das erste befreite französische Département.

Korsika ist die am dünnsten besiedelte der großen Mittelmeerinseln. In den Dörfern des Landesinneren wohnen überwiegend alte Leute, vielfach Rentner, die nach der Arbeit in der Fremde in die Heimat zurückgekehrt sind. Doch in immer mehr Dörfern sorgen Initiativen für die Wiederbelebung der regionalen Wirtschaft und den Ausbau eines sanften Tourismus unter Beibehaltung althergebrachter Strukturen. Man ist stolz auf die traditionelle Musik, eigene Handwerksprodukte und selbst erzeugte Lebensmittel – auf alles Korsische.

> **Die traditionellen Dörfer wirken karg und streng**

Für diese Identität streiten vor allem die korsischen Nationalisten, die ihre Insel nicht den Klauen eines landfressenden Tourismus als ausschließlicher Entwicklungsperspektive überlassen wollen. Ihre Beharrlichkeit und die alternativen Konzepte haben sich ausgezahlt: Hardliner und gemäßigte Nationalisten verbuchten ein Drittel der Stimmen bei den letzten Regionalwahlen.

ten der FLNC hier bremsende Wirkung gehabt. Die Straßeninfrastruktur ist in den letzten Jahren erheblich besser geworden, nur noch wenige Passstraßen warten auf Erneuerung. Trotzdem gibt es noch fast so viele Kurven wie ehedem, und so wird

So sieht es vielfach aus im gebirgigen Inneren Korsikas: Aufstieg zum Capitello-See

An den Küsten ist die Insel mittlerweile sehr gut auf die Bedürfnisse von Touristen zugeschnitten. Für Aktivurlauber sind die Möglichkeiten fast unbegrenzt. Allerdings haben einige Orte, an denen diese internationalisierte Urlaubskultur dominiert, ihren ursprünglichen korsischen Charakter bereits eingebüßt, obwohl bisher Hotelhochbauten und anonyme Feriendörfer zu den Ausnahmen zählen. Mit Sicherheit haben die Attentate der korsischen Nationalis-

auch weiterhin Ihr Reisetempo eher gemächlich sein. Und damit ideal, um mit Land und Leuten in Kontakt zu kommen! Wer eine Rundfahrt um die Insel machen will, sollte dafür auf jeden Fall zwei Wochen einplanen – nur Rallyefahrer haken Korsika schneller ab. Aber auch dann werden Sie erst einen kleinen Eindruck von der paradiesischen Landschaft bekommen haben. Die einzige Lösung für dieses Dilemma ist: Kommen Sie im nächsten Urlaub wieder!

▶▶ WAS IST ANGESAGT?

Trends, Entdeckungen und Hotspots.
Unsere Szene-Scouts zeigen Ihnen, was auf Korsika los ist

Renate Kühn und Vincent Godefroid

Die Fotografin und der Kameramann haben Korsika als neue Heimat auserkoren. Dort sind sie stets auf der Suche nach den neuesten Trends und szenigsten Motiven. Als Werbe- und Reisefotografin ist Renate Kühn immer am Puls der Zeit. In ihrer Freizeit relaxen unsere Szene-Scouts am liebsten am klaren Meer oder genießen die lebendige Kunstszene der Insel.

▶▶ ENTDECKUNG

Korsika mal anders

Inspiriert von Wellen und Wasser haben zwei Franzosen die erste geführte Kanutour der Insel ins Leben gerufen. Vom Meer aus lernen Besucher nicht nur Strände, Miniinseln und Küstenlinie kennen, sondern erfahren auch viel über Geschichte und Kultur Korsikas – schließlich ist ein Guide mit an Bord (Buchungen unter *www.acquavanua.com*). Extravagant sind auch die Führungen von *Cathy Astolfi*. Die Korsin führt nicht nur durch die Landschaft rund um Calvi, sondern setzt das Gesehene und Erlebte – gemeinsam mit den Besuchern – in große und kleine Kunstprojekte um. Mal entsteht ein Gemälde, mal werden Objekte aus Treibholz kreiert oder Fotocollagen erstellt – künstlerische Vorkenntnisse sind nötig, französische Sprachkenntnisse jedoch schon (*Anmeldung unter *www.cathy-astolfi.com*, Foto). Einen ganz anderen Blick auf das Eiland bekommen Sie durch die *Visites Autochtones*. Bewohner Bastias führen die Tour und reichern sie mit persönlichen Informationen an (*www.bastia-tourisme.com*).

SZENE

▶▶ ROCK CORSE

Gitarre und gute Laune

Eine neue Generation junger Musikmacher mischt die etablierte Szene mit ihren Gitarrenriffs auf. Ganz vorne mit dabei ist die Band *Blague à part*, die zwar auf französisch singt, sich aber ebenso Inspiration bei britischen Indie- und lateinamerikanischen Popbands geholt hat *(www.myspace.com/blagueapart5)*. *L'altru Latu* aus Bastia ist ebenfalls darauf spezialisiert, dem Publikum mit Gitarre, Bass und Schlagzeug einzuheizen *(www.altru-latu.org*, Foto*)*. Den Nachwuchs hört man am besten im *La Pinta Rockclub (Port de Toga, Bastia)* oder aber bei dem jährlich stattfindenden Festival *Calvi on the Rocks,* bei dem nicht nur Indiemusik, sondern auch elektronische Klänge eine Bühne bekommen *(www.calviontherocks.com)*.

▶▶ LECKER

Altes mit neuem Pfiff

Was auf Korsika wächst und gedeiht, kommt auch in der einzigartigen Inselküche zum Einsatz. Aromatische Speisen, inspiriert sowohl von der traditionellen als auch der modernen Küche, kommen bei *U San Teofalu* auf den Tisch. Unter dem wachsamen Auge des Inselpatrons *Pascal Paoli*, dessen Statue den Platz ziert, schmecken Käse, grillter Fisch und korsische Weine *(3 place Paoli, Corte)*. Wer die Vorzüge der Inselküche in einem modernen Loungeambiente am Strand genießen will, ist bei *Octopussy* richtig. An dem Privatstrand samt Restaurant werden korsische Muscheln serviert – und Strandpartys gefeiert *(Pinede Plage, Calvi)*. Wer die einzigartigen Aromen mit nach Hause nehmen will, deckt sich bei *La Vieille Cave* ein. Dort gibt es vom Honig über Käse bis zum korsischen Schinken lokale Spezialitäten sowie Weine und aromatische Liköre aus heimischen Zutaten *(2 ruelle de la Fontaine, Corte)*.

 FERME AUBERGE

Bauernglück

Wenn Sie bisher dachten, Wüsten seien unbewohnbar, müssen Sie umdenken. Am Rande der Désert des Agriates steht, eingebettet zwischen Kakteen und Felsen, die *Pietra Monetta*. Das steinerne Gasthaus ist idealer Ausgangspunkt für Wanderungen *(Route de l'Ostriconi, Palasca, www.location-agriates.com)*. Ein Gasthaus mit Geschichte ist *A Casa Funtana*. Die alte Schmiede im Inselinneren wurde von Cathy und Fred Armani liebevoll restauriert und besticht mit ihrem alten Gemäuer und dem duftenden Blumengarten *(Carbuccia, www.casafuntana.com)*.

 C'EST CHIC!

Schöner Schein in Porto-Vecchio

Korsikas Nachtleben ist durchgestylt! Im hippen Porto-Vecchio liegt der *Clint Club*, der mit coolem Designmobiliar, Loungeliegen und Lichteffekten die passende Kulisse für eine extravagante Nacht bietet. Und natürlich kann sich auch das DJ-Line-Up sehen lassen. Unter anderem hat im Clint schon der Houseveteran Didier Sinclair aufgelegt *(rue Léandri)*. Im Süden der Stadt wartet das *Vianotte*. Der weitläufige Club besticht nicht nur mit Open-Air-Tanzfläche und Pool, sondern auch mit den DJs an den Plattentellern. In dem schicken Club hat das „Who is who" der Clubszene aufgelegt, unter anderem gaben sich dort schon Erick Morillo, David Guetta und Dennis Ferrer die Ehre *(Route de Porra, www.vianotte.com)*.

WIPFELGLÜCK

Auf Tarzans Spuren

Nur 30 Minuten von Porto-Vecchio erwartet Sie eine andere Welt. Dort im Alta-Rocca-Gebirge liegt der Park *Xtrem Sud*. Quasi ein Vergnügungspark der Natur. An Lianen schwingen Sie durch Täler, klettern auf Bäume, tapsen über wackelige Hängebrücken, schlagen sich durch Schluchten und über Felswände – natürlich immer gesichert. Ein einmaliges Erlebnis *(Ospédale, Porto-Vecchio, www.xtremsud.com)*! Auch in der zerklüfteten Felslandschaft Bavellas warten Holzplattformen zwischen Baumwipfeln, riesige Netze und eine Seilbahn auf Hobby-Tarzans und -Janes *(Bavella, www.corsica-forest.com, Foto)*.

▶▶ IT'S A MAN'S WORLD

Wellness für das „starke Geschlecht"

Der Damenwelt wird der Titel des „schönen Geschlechts" möglicherweise bald streitig gemacht. Auf Korsika setzen sich Beauty- und Wellnessbehandlungen speziell für den Mann immer mehr durch. Dort gehören manikürte Fingernägel beinahe ebenso zum guten Ton wie eine makellose Rasur. Im Wellness Center des *Hôtel Le Pinarello* will man mit der speziellen Männerlinie von *Anne Semonin* der Hautalterung und Unregelmäßigkeiten auf den Leib rücken *(Pinarello, Sainte Lucie de Porto-Vecchio, www.le pinarello.com, Foto)*. Berührungsängste mit der Spa-Welt verschwinden spätestens beim ersten Anblick des *Hôtel & Spa des Pêcheurs*. Bei Meerblick von der Île de Cavallo entspannen sich auch harte Männer bei indianischer Kopfmassage und Co. *(Île de Cavallo, Bonifacio, www.hoteldespecheurs.com)*.

▶▶ EINWANDFREI

Korsikas gutes Gewissen

Ökologisch unbedenklich und modisch voll im Trend. *Machja* trifft den Zeitgeist. Das korsische Modelabel gehört zu den „grünen" Vorreitern der Insel *(3 rue Jean Casale, Bastia, www.machja.com, Foto)*. Heute folgen auch Kosmetikhersteller wie *Essences Naturelles Corses* dem guten Beispiel. Im unternehmenseigenen Kräuter- und Blumengarten können Sie sich selbst von der Naturbelassenheit der Inhaltsstoffe überzeugen *(Bordeo, Moriani-Plage, www. essences-naturelles-corses.fr)*. Auch innerlich angewandt überzeugen die korsischen Bioprodukte. Bestes Beispiel: die Obstgärten im Süden der Insel, in denen die Zutaten für *Virginie Vellutinis* Marmeladen, Gelees und Konfitüren wachsen. Feigen und Orangen, Pflaumen oder Kumquat und Quitte kocht sie zu fruchtig-leckeren Brotaufstrichen ein. Kaufen kann man die Biortu-Produkte unter anderem bei *U Stazzu* in Ajaccio *(rue Bonaparte, www.biocorse.fr)*.

> MACCHIA, NAPOLEON UND VENDETTA

Wissenswertes über Land und Leute, Geschichte, Natur und Kultur

BADESTRÄNDE

Korsika besitzt eine überwältigende Vielfalt prächtiger Strände. An der Ostküste, von Bastia bis Solenzara, sind die langen Sandstrände von Feriendörfern gesäumt. Im Süden schließen sich bis zum Golf von Sant'Amanza kleinere Buchten mit sehr feinem, fast weißem Sand an. Bei Bonifacio lässt sich von Kalkfelsen aus baden. Herrliche Strände gibt es zwischen der Bucht von Roccapina und Tizzano. Die Westküste bietet von Propriano nach Norden an jedem Golf schöne Strände, sowie zahlreiche, die nur über Pisten oder mit dem Boot zu erreichen sind. Zwischen Sagone und Calvi liegen die Badeorte Cargèse, Porto, Galéria und, für Bootsausflügler, die Bucht von Girolata. Von Calvi nordwärts bis nach Lozari reiht sich eine Badebucht an die andere. Die ganz einsamen

Bild: Porto-Vecchio, Plage de Palombaccia

STICH WORTE

Strände des Désert des Agriates erreichen Sie nur mit einem Wagen mit Vierradantrieb, zu Pferd oder zu Fuß. In St-Florent liegt der letzte längere Strand vor dem steilen Cap Corse, wo Sie nur an wenigen Stellen bis ans Wasser hinunterkommen, etwa am schwarzen Strand hinter Nonza, bei Centuri-Port oder ganz am Nordzipfel. An der Ostseite des Caps liegen vor allem schmale Sand- oder Kieselstrände.

GENUESISCHES ERBE

1284 übernahm Genua die Oberherrschaft über Korsika. Bis weit ins 18. Jh. hinein sollte die Insel genuesisch bleiben. An diese Zeit erinnern vornehmlich Wehrbauten: die großen Festungen in Ajaccio, Algajola, Bastia, Bonifacio, Calvi, Girolata, Porto-Vecchio und St-Florent sowie Wach-

Dieses Denkmal für den Freiheitskämpfer
Pasquale Paoli steht in Île-Rousse

KORSIKA DEN KORSEN

A terra corsa a i corsi – Korsika den Korsen – oder *I Francesi fora* – Franzosen raus – lauten Schlagworte der korsischen Autonomisten. Massive soziale und wirtschaftliche Probleme stehen als Ursache hinter den Bestrebungen, für Korsika nicht unbedingt die staatliche Unabhängigkeit, aber eine Form der Eigenständigkeit zu erwirken, die der Entfaltung korsischer Kultur und Ökonomie dienen soll. Einig sind sich die Widerstandsgruppen nicht, die die französische Zentralmacht bekämpfen, zum Teil im Parlament, zum Teil mit Gewaltakten. Zu den Gegnern der Nationalisten zählen nicht nur der „Kolonisator" Frankreich, sondern auch selbstherrliche Clanchefs, die sich in der Vergangenheit stets mit der Macht arrangiert haben.

Für Touristen sind die sichtbarsten Zeichen der Aktivitäten die überpinselten Straßenschilder, die Parteikürzel an Fassaden, die aufgespritzten vermummten Terroristengestalten. Leider gibt es immer wieder Gewaltakte, die aufmerksam machen wollen auf die Überfremdung durch inselfremdes Kapital oder denen ganz banal wirtschaftliche Rivalitäten oder mafiöse Machenschaften zugrunde liegen. Die Anschläge richten sich nicht gegen Touristen.

Schon in früheren Jahrhunderten kämpfte Korsika um die Unabhängigkeit von wechselnden Besatzern. Zwei Namen werden Sie auf Korsika überall dort begegnen, wo nationaler Eigenständigkeit gedacht wird: Sam-

türme, die einst die gesamte Küste säumten und von denen immer noch ca. 60, zum Teil als Ruine, existieren. Wohl die schönsten Relikte sind einige wenige erhaltene Bogenbrücken, einst errichtet, um die Handelswege auf der Insel auszubauen. Es sind Brücken mit einem, selten mehreren, steil gewölbten Bogen, die so hoch über die Flüsse führen, dass sie auch bei Hochwasser benutzbar sind.

> *www.marcopolo.de/korsika*

piero Corso (1498–1567) und Pasquale Paoli (1725–1807).

Sampiero Corso stammte aus Bastelica. Er kämpfte an der Seite der Franzosen gegen die genuesischen Besatzer, die 1553 besiegt wurden. Als Frankreich das Land 1559 wieder an Genua abtreten musste, eroberte Sampiero Teile der Insel. Pasquale Paoli aus Morosaglia führte die Insel als gewählter „General der Nation" 1755 in die Unabhängigkeit und entwarf eine fortschrittliche, demokratische Verfassung. Die Unabhängigkeit ignorierend, verkaufte Genua 1768 Korsika an Frankreich. Die korsischen Truppen unterlagen ein Jahr später der französischen Streitmacht.

KORSISCH

Die korsische Sprache ist romanischen Ursprungs und wird erst seit Kurzem wieder als Pflichtfach in den Grundschulen gelehrt. Bis dahin hatte das Französische als Schrift- und Amtssprache das Korsische in die Privatsphäre verdrängt. Heute finden sich in den Zeitungen wieder korsische Beiträge, und Musikgruppen wie Sänger singen immer häufiger auf Korsisch. Zunehmend gibt es zweisprachige Schulen. Die Ortsschilder auf der Insel sind mittlerweile allesamt zweisprachig – wobei der französische Name oft unleserlich gemacht ist, mit der Folge, dass die korsischen Namen immer gebräuchlicher werden.

MACCHIA

Große Teile der Insel sind von einem so gut wie undurchdringlichen Gestrüppwald bedeckt, der sich je nach Höhenlage und Sonneneinstrahlung weniger als mannshoch oder als gut 4 m hoher Wald über ganze Bergrücken erstrecken kann. In dieser Macchia gedeihen zahlreiche Pflanzen, die aufgrund ihres Gehalts an ätherischen Ölen sowie durch ihren verzweigten, buschigen Wuchs extrem brandgefährdet sind. Die Macchia genießt den Ruf, schon so manchem Banditen das Leben gerettet zu haben, weil er sich darin jahrelang verborgen halten konnte, von Ordnungskräften und auf Rache Sinnenden unauffindbar.

> DAS WAPPEN KORSIKAS
Ein schwarzer Kopf als Nationalsymbol

Wie der Maurenkopf *testa mora* zum Symbol für korsische Eigenständigkeit geworden ist, weiß niemand so recht. Der Kopf taucht an den verschiedensten Stellen auf, sogar als Schnitzwerk an Kanzeln in uralten Kirchen. Fest steht, dass die Ratsversammlung Pasquale Paolis ihn 1762 zum Symbol der damals gerade geborenen Nation gewählt hat.

Seitdem ist das, was ursprünglich Augenbinde für einen zum Tode verurteilten Angreifer gewesen sein mag, auf die Stirn gerutscht, möglicherweise mit Blick auf die Tradition hellenistischer Herrscher, die sich eine weiße Stirnbinde umbanden, als Zeichen, dass sie die Herrschaft über ein Gebiet errungen hatten.

NAPOLEON

Der spätere Kaiser von Frankreich, Napoleon Bonaparte, wurde 1769 in Ajaccio geboren, lebte jedoch nur kurze Zeit auf Korsika. Zwar wünschte er sich, dass sein Leichnam in Ajaccio beigesetzt werde, aber nur für den Fall, dass dieser in Frankreich keinen würdigen Platz bekäme. Der aber ist ihm im Invalidendom in Paris zuteil geworden. So gab es in seiner Geburtsstadt außer Denkmälern und dem Haus der Familie bislang nur einige Feste (um den 15. August herum) zur Erinnerung an den berühmten Sohn. 2007 wurde ihm jedoch eine neue Ehre zuteil: Der Flughafen in Ajaccio heißt nun stolz „Napoléon Bonaparte".

NATURPARK

Knapp 150 Gemeinden im Inselinneren bilden gemeinsam den *Parc Naturel Régional de la Corse*, der knapp ein Drittel der Insel umfasst. Er initiiert viele Schutz- und Entwicklungsmaßnahmen, die allerdings vor dem Start von allen Mitgliedskommunen befürwortet werden müssen. Außerdem verwaltet und unterhält der Park alle Fernwanderwege, den berühmten GR 20, sowie die „Mare a Mare" und die „Mare e Monti", die in mittleren Höhenlagen von Dorf zu Dorf führen.

PISANISCHE KIRCHEN

Die toskanische Republik Pisa erhielt die Insel im Jahr 1077 als päpstliches Lehen. Pisa ermunterte die Korsen zur Wiederbesiedlung der Küsten und entsandte Künstler und Baumeister, die vor allem in der Castagniccia, dem Nebbio und der Balagne Gotteshäuser errichteten. Die spätromanischen Kirchen gehören zu den schönsten Bauwerken der Insel. Sie bestechen durch die meisterhaft behauenen, oft verschiedenfarbigen Steinquader, durch naive Reliefskulpturen und durch umlaufende Schmuckbänder, die in Stein gehauene florale und geometrische Muster zeigen.

STEINZEIT

In der Jungsteinzeit lebte auf Korsika eine Bevölkerung von Jägern, Sammlern, Fischern, die zunächst in Höhlen und unter Felsvorsprüngen Zuflucht fand. Später entstanden unverschanzte, zumeist auf Anhöhen liegende Siedlungen. Mitte des 4. Jts. v. Chr. entwickelte sich aus einem Totenkult die Megalithkultur. Man ließ Steinkistengräber aus monumentalen Steinplatten in den Boden ein. Diese wurden mit einem Erdhügel bedeckt, später als Dolmen (Steintische) oberirdisch errichtet. An die Steinkistengräber wurden Steinsäulen als „Seelensitze" der Verstorbenen gestellt. Die sogenannten Megalithiker schufen auf Korsika Menhire, die bis zu 4 m Höhe erreichten und wie Statuen bearbeitet wurden. Sie erhielten primitive menschliche Gesichtszüge und sogar angedeutete Gewänder. Manche Statuen tragen Waffen. Diese stammen aus der letzten Phase der Megalithkultur um 1500 v. Chr. Damals stießen vermutlich Eindringlinge nach Korsika vor, die Torreaner. Sie hinterließen Bauten aus riesigen Granitblöcken, zu „Zyklopenmauern" aufgetürmt, sowie *torres*, bis zu 7 m hohe Türme, in denen sie u.a. die Menhire der Megalithiker verbauten. Die wichtigsten Fundstätten liegen im Inselsüden.

ten" sich in der Macchia versteckt hielten.

WACHTÜRME

Zur Zeit der genuesischen Herrschaft wurden entlang der Küste Wachtürme errichtet, als Frühwarnsystem zum

Höhenangst sollte man nicht haben, wenn man dem Wanderweg GR 20 folgen will

VENDETTA

Die Wahrung von Ehre und Recht nahmen die Korsen früher nach Kräften selbst in die Hand. Nach ihrem Ehrenkodex war ein Mann verpflichtet, schwere Kränkungen durch Mord zu rächen. Dieses Vendetta genannte Vergeltungsrecht erlebte seinen Höhepunkt in der ersten Hälfte des 19. Jhs., als die Zahl der durch Blutrache Ermordeten auf über tausend im Jahr anstieg und unzählige „Ehrenbandi-

Schutz vor Piraten. In Sichtweite zueinander standen an die 150 Türme rund um die Insel. Wurden feindliche Schiffe gesichtet, entzündeten die Wächter auf dem Turm ein Feuer, sodass die Bevölkerung gewarnt und die Nachricht im nächsten Turm aufgenommen werden konnte. Eine solche Warnung soll in zwei Stunden um die Insel gegangen sein. Wenige Türme sind zur Besichtigung freigegeben. Es lohnt sich, sie zu besteigen, allein der Aussicht wegen.

HÖHEPUNKT IST DIE KARWOCHE

Inselheilige, Musik, Wein oder Wind – jedes Fest hat einen anderen Mittelpunkt

> Die genauen Daten der Feste erfahren Sie in den *Offices du Tourisme.*

OFFIZIELLE FEIERTAGE

1. Januar Neujahr; **Ostermontag; 1. Mai** Tag der Arbeit; **8. Mai** Kriegsende 1945; **Christi Himmelfahrt; 14. Juli** Nationalfeiertag; **15. August** Mariä Himmelfahrt; **1. November** Allerheiligen; **11. November** Waffenstillstand 1918; **25. Dezember** Weihnachten

FESTE UND VERANSTALTUNGEN

Januar/Februar
Fête des Oranges: Prozession zu Ehren des hl. Antonius in Corbara und Aregno

März/April
Notre-Dame de la Misericorde: Fest in Ajaccio (18. März)
Prozessionen der Karwoche – Gründonnerstag: Segnung der *Canistrelli* (traditionelle Aniskekse); Gründonnerstag abends, Karfreitag morgens: Prozession *La Cerca* und *La Granitula* z. B. in Erbalunga; Karfreitag: Prozession der fünf städtischen Bruderschaften in Bonifacio; Büßerprozession in Calvi; Karfreitag abends: Prozession *U Catenacciu,* am bekanntesten in Sartène; *Kerzenprozession* in Corte
Ostermontag: *Griechisch-orthodoxe Prozession* in Cargèse
Festa di l'Oliu Novu: Feier des neuen Olivenöls in Ste-Lucie-de-Tallano

Mai
Festimare: Spiele und Workshops für Kinder rund um das Meer in Île-Rousse
A Fiera Di U Casgiu: Ausstellung der korsischen Käsehersteller in Venaco
Nautival: Meeresfest in Macinaggio

Juni
▶▶ *Cavall'in festa:* Pferdemarkt mit Vorführungen und Aktivitäten für Kinder in Corte
Jazzfestival in Calvi
Johannistag (23./24. Juni): Feste, Feuer und Feuerwerk; am lebendigsten in Bastia

Aktuelle Events weltweit auf www.marcopolo.de/events

> EVENTS
FESTE & MEHR

Juli

⭐ *Estivoce*: internationales und korsisches Festival traditioneller Volksmusik in Pigna und anderen Orten der Balagne

Les Nuits de la Guitare: Konzertserie in Patrimonio (Jazz, Klassik, Rock, Sinti-Jazz)

Foire du vin: Weinmarkt in Luri

▶▶ *Sorru in Musica:* Klassikfestival in den Dörfern der Region Sorru

Festa di u legnu e di a furesta: Fest rund um Holz und Wald in Vezzani

Lama: europäisches Filmfest zum Thema „Landleben" in Lama (bis August)

August

Stadtfest: Napoleons Geburtstag und Mariä Himmelfahrt in Ajaccio (15. August)

Foire de l'amandier: Mandelfest in Aregno

Porto Latino: Musikfestival in St-Florent

Festiballu: Tanzfest in Corte

Fiera di u Turismu Campagnolu: Schau um Landprodukte in Filitosa

September

Centre Corse: Autorallye in Corte

A Santa di u Niolu: Volksfest zu Mariä Geburt in Casamaccioli (8. September)

▶▶ *Rencontres Polyphoniques* : internationale Musiker musizieren in Calvi

Mele in Festa: Honigfest in Murzo

▶▶ *Festimonti* : Bergsportfestival mit viel Sport zum Ausprobieren in Bocognano (2 Tage Ende Sept./Anfang. Okt.)

Oktober

▶▶ *Festiventu:* Ökofestival rund um den Wind in Calvi: Technik, Spielzeug, Spaß und Sport

Tour de Corse Historique: die Oldtimer-Variante der französischen Rallye-Meisterschaft (5 Tage)

November

Fête du marron: Kastanienfest in Evisa

Dezember

Fiera di a castagna: der größte regionale Markt Korsikas in Bocognano

Weihnachtsmärkte z.B. in Bastia

> DER REIZ DES EINFACHEN

Unverfälschte Lebensmittel aus lokaler Produktion sind die Stärke der korsischen Küche

> Im Hinblick auf Lebensmittel tragen die Korsen dem Nachhaltigkeitsgedanken eigentlich unabsichtlich Rechnung: Sie führen ihre traditionelle Produktion fort, wie und wo es geht: lokale Erzeugung hochwertiger Produkte, extensive Viehhaltung, kurze Transportwege durch viele lokale Abnehmer und immer mehr Biowirtschaft mit dem Gütesiegel AB *(agriculture biologique)*.

Die intakte Natur sowie sorgfältige Herstellung und kleine Produktionsmengen schaffen ideale Voraussetzungen für eine erstklassige Qualität der Lebensmittel. Bienen sammeln Nektar und Pollen fast ausschließlich in der wild wachsenden Macchia oder in unbehandelten Kastanienhainen. Frei herumlaufende Schweine ernähren sich noch von Bucheckern, Eicheln und Kastanien. Natürlich hat auch im Lebensmittelbereich die Moderne mit auf Gewinnmaximierung ausgerichteten Praktiken Einzug ge-

Bild: korsischer Käse

ESSEN & TRINKEN

halten, aber die korsischen Landwirte wehren sich, so gut sie können.

Ursprünglich war die korsische Küche eine Arme-Leute-Küche, in der Gartenbau und Kleintierhaltung eine lebenswichtige Rolle spielten. Der Schinkenknochen für die leckere Gemüsesuppe *soupe corse* musste mehrmals in den Topf wandern, bis er auch sein letztes Aroma verloren hatte. Das heute fast schon als Luxusgut geltende köstliche ==Kastanienmehl==

(10–12 Euro/kg) war noch vor einem halben Jahrhundert ein Grundnahrungsmittel in vielen Familien, das so mancher heute Fünfzigjährige in seiner Kindheit täglich serviert bekam, um nicht Hunger zu leiden. Die dörfliche Solidarität hat ebenfalls eine große Rolle gespielt, sodass auch ärmere Familien gelegentlich in den Genuss von Ziegenbraten *(cabri)*, Lamm *(agneau)* oder Rind *(bœuf)* kamen.

Da nahezu alle Männer auf die Jagd oder zum Angeln gingen, wurde der Speisezettel außerdem stets um verschiedene Wildspezialitäten – allen voran Wildschwein *(sanglier)* – und um Forellen *(truites)* bereichert. Der Einfallsreichtum der Hausfrauen tat dann ein Übriges: Wildkräuter wie

Minze, Katzenminze und Bergthymian gaben vielen Gerichten einen unverwechselbaren Geschmack. Aus wilden Früchten und Gartenobst entstanden Konfitüren und Liköre mit ausgefallenen Geschmacksnoten wie Kastanie, *cedrat* (Zitronatzitrone), Feige, Myrthe, Baumerdbeere *(ar-*

> SPEZIALITÄTEN
Genießen Sie die typisch korsische Küche!

bastelle – herzhaften Teigtaschen, mit Mangold *(blettes)*, Kürbis *(courges)* oder Zwiebeln *(oignons)* gefüllt

brocciu – Frischkäse (gesprochen „brutsch"). *Nature*, also ohne alles, gezuckert und mit Schnaps *(eau de vie)* übergossen, salzig zubereitet in *canneloni au brocciu*, in Ravioli, in Krapfen *(beignets)* oder im Omelette. Probieren Sie ihn auch in süßem, mit Zitronenschale aromatisiertem Gebäck *(fiadone, ambrucciata)*

canistrelli/cucciole – mürbe Kekse, pur oder mit Mandeln, Nüssen, Zitrone, Anis aromatisiert

charcuterie corse – Wurstwaren vom Schwein, luftgetrocknet und gelegentlich geräuchert: Nackenstück *(coppa)*,

Filet *(lonzu)*, Schinken *(prisuttu)*, Hartwurst *(saucisson)*, etwas fettere Wurst für Eintöpfe *(saucissette)*, gerollter Bauchspeck *(panzetta roulée)* wird oft in Wein mit Kräutern und Knoblauch eingelegt.

châtaignes – von Natur aus süßaromatisch, sind geröstete Maronen (Foto) eine beliebte Schlemmerei im Herbst. Aus Kastanienmehl stellt man Kuchen, Eis, Likör und sogar Bier her. Die *pulenda*, ein gekochter Riesenkloß aus Kastanienmehl, wird in Scheiben zu gebratenen *figatelli*, Spiegeleiern und *brocciu* gereicht

confiture de figues – Feigenkonfitüre, delikat zum Käse

figatellu – rohe Schweinswurst mit frischer Leber, frisch überm Feuer gebraten oder luftgetrocknet

sanglier – Wildschwein als Vorspeise, *terrine de sanglier*, als Keule gebraten oder als Ragout

stufatu – gekochtes Rinds-, Kalbs- oder Lammragout mit großen Nudeln

truite – Bergforelle, meist gegrillt; wegen Überfischung selten zu haben

zuppa corsa (soupe corse) – kräftige Gemüsesuppe, deren unverwechselbare Zutaten u. a. Mangold und gefleckte Borlotti-Bohnen sind

bouse) und in jüngerer Zeit auch Clementine.

Die ehemalige Subsistenzwirtschaft hat sich nun gewandelt, und die vielen kleinen, modern ausgerüsteten Produktionsstätten beweisen stolz, dass sich Tradition und Moderne zu Qualität vereinigen können. So sind moderne Käsereien entstanden, die aber nach wie vor die traditionellen Sorten herstellen: den Hartkäse *tomme*, meist aus Schafsmilch, außerdem weichen Schafskäse *(brébis)*, Ziegenkäse *(chèvre)* und den Frischkäse *brocciu*, ebenfalls aus beiderlei Milchsorten, der seit Kurzem durch die Herkunftsbezeichnung AOC *(Appellation d'Origine Contrôlée)* geschützt ist. Letzteren gibt es nur im Winter und Frühling zu kaufen. Er ist nicht zu verwechseln mit *brousse*, einem im Vergleich relativ faden Kuhmilchprodukt, das es unter gleicher Aufmachung ganzjährig gibt.

In Korsika finden Sie viel frischen Fisch aus lokalem Fang – nicht ganz billig – und Meerestiere wie Langusten, Muscheln und Seeigel sowie Austern aus den *étangs* der Ostküste.

Von diversen Snackbars abgesehen, ist die französische Esskultur auf Korsika noch spürbar – die Essenszeiten sind noch nicht so liberalisiert wie andernorts. In den Restaurants hoffen Sie nicht auf Bedienung vor 12 Uhr mittags bzw. 19/20 Uhr abends. Ein kleines Menü besteht aus Vor-, Haupt- und Nachspeise, in der Regel können Sie bei jedem Gang unter mehreren Gerichten wählen.

Probieren Sie vor oder während des Essens typisch korsische Getränke: Aperitifs wie „Cap Corse" oder *muscat*, süffiges Kastanienbier viel-

leicht oder einen der heimischen Weine. Fisch und leichte Gerichte begleiten Sie bestens mit einem kühlen Rosé, kräftigere Gerichte wie Kalbsragout mit Oliven, Wild-

Austern kommen erntefrisch aus den *étangs* an der Ostküste auf den Tisch

schwein, Lamm oder Rind vertragen die charaktervollen korsischen Rotweine. Abschluss des Essens ist natürlich ein Verdauungsschlückchen *(digestif)*: Traditionell wird vor allem Myrthenschnaps gereicht. Wer es gerne süßer mag, bekommt auch einen Myrthen- oder Kastanienlikör.

SPEZIALITÄTEN AUS DER NATUR

Entdeckungen beim Stadtbummel oder Einkauf direkt beim Hersteller

> Auf einer Insel ist alles etwas teurer, rechnen Sie daher auf Korsika mit etwa 15 Prozent höheren Preisen als auf dem Festland. Decken Sie sich schon zu Hause mit Sonnencreme, Foto- und Filmmaterial und einer Schnorchelausrüstung ein, und gönnen Sie ansonsten den Korsen leichten Herzens den Verdienst am Genuss ihrer schönen Insel! Die Bewohner tun viel dafür, Ihren Bedürfnissen Jahr für Jahr mehr gerecht zu werden und bei ihren Erzeugnissen gute Qualität zu bieten. Achten Sie z. B. auf das weiß-grüne Qualitätssiegel „AB" für ökologischen Landbau. So werden verschiedene Weine nach diesen Richtlinien erzeugt.

In der Hauptsaison haben viele Geschäfte und die großen Supermärkte ganztags geöffnet. Kleinere Läden sind montagvormittags geschlossen. In der Regel öffnen Geschäfte von 9 oder 9.30 bis 12 Uhr und von 14.30 bis 19 Uhr, Supermärkte bis 20 Uhr. Kleine Läden im Landesinneren machen nachmittags manchmal erst zwischen 15 und 16 Uhr auf.

GETRÄNKE

Korsische Weine sind in den letzten Jahren in die Spitzenkategorien vorgestoßen. Die drei traditionellen Rebsorten heißen *niellucciu, sciacarellu* und *vermentinu*. Die Anbauregionen, die das Qualitätssiegel AOC tragen, sind Patrimonio, Cap Corse, Calvi, Ajaccio, Sartène, Figari und Porto-Vecchio. Die Tafelweine stammen überwiegend aus der östlichen Ebene. Wenn es Hochprozentigeres sein soll, so führt kaum ein Weg vorbei an den leckeren Obstweinen, Likören und Fruchtbränden. Überraschen Sie doch die Daheimgebliebenen mit einem *liqueur de châtaigne*, dem unnachahmlichen bernsteinfarbenen Kastanienlikör, oder einem würzig-fruchtigen Obstwein aus Bitterorangen *(oranges amères)*.

KOSMETIK

„Corsicæssences" ist ein junges Unternehmen mit Sitz im Landesinneren, das aus den natürlichen Rohstoffen der Insel ökologische Kosmetik mit essenziellen Ölen herstellt. Ideal als Mitbringsel sind

> EINKAUFEN

Seifen und Duschgels in den Duftkompositionen „Meeresufer", „Obstgarten", „Gehölz" und „Gebirge". In den meisten Apotheken der Insel und unter *www. fleursdemaquis.com*

▮ KUNSTHANDWERK ▮

Schmuck (typisch korsisch ist Korallenschmuck), Messer, Glas- und Töpferwaren, Holzspielzeug, Körbe und Wollwaren bekommen Sie auf Märkten und in Boutiquen. In der Balagne gibt es die *Strada di l'Artigiani*, einen Rundweg, der Sie zu allen Kunsthandwerkern der Umgebung führt.
Hilfreich für alle kunsthandwerklichen, aber auch für gastronomische Einkäufe sind die Faltblätter des CREPAC (Agrarförderung) „Routes des Sens Authentiques", die Sie in den Offices de Tourisme erhalten (*www.corsica-terroirs.com*).

▮ MUSIK ▮

Vergessen Sie nicht, Ihre Lieblingsmusik auf CD zu kaufen, damit Sie daheim so richtig in Erinnerungen schwelgen können. Es gibt nicht nur traditionelle polyphone Gesänge, z.B. von der Gruppe „A Filetta", Heimatlieder, geistige Musik oder politische Folklore, z.B. von „Canta U Populu Corsu", sondern durchaus auch Rock und sogar Ska-Musik junger korsischer Gruppen.

▮ SCHLEMMEREIEN ▮

Edles Olivenöl gibt es in den Kooperativen, in Boutiquen, aber auch im Supermarkt. Im Supermarkt finden Sie auch leckere Konfitüren und die gesamte Palette der Canistrelli-Kekse: Probieren Sie unbedingt die *cucciole au vin blanc* (mit Weißwein) aus dem Hause „Maison Casanova". Mein Lieblingsmitbringsel für die Heimkehrer-Fete: Die leckere Fischsuppe der „Conserverie Casatorra" in robuster, blau-gelber Dose. Zu Hause zelebrieren Sie die Suppe dann stilvoll mit *rouille* (Knoblauchmayonnaise mit Safran), gerösteten Baguettescheiben und Knoblauchzehen zum Reiben auf das Brot. Bester Begleiter: der sehr gute Rosé der „Domaine Peraldi", AOC Ajaccio.

> LIEBLICHE KÜSTENORTE UND SCHROFFE BERGLANDSCHAFT

Bastia, St-Florent, Île-Rousse und Calvi: Küstenstädtchen vor hinreißendem Bergpanorama

> Der Norden Korsikas teilt sich in zwei deutlich abgegrenzte Regionen: zunächst das Cap Corse, von dem manche sagen, es sei landschaftlich ein Korsika *en miniature*, flankiert von Bastia im Osten und dem Badeort St-Florent im Westen.

Die zweite Region ist die Balagne, die Gartenlandschaft des westlichen Vorgebirges mit den großen Badeorten Île-Rousse und Calvi bis hinunter zum kleinen Hafen Galéria und vielen Kilometern Strand.

Bild: Hafen von Calvi

BALAGNE

[122–123 C–D1–2] Im Nordosten durch das hohe Bergmassiv begrenzt, bildet die fruchtbare *Balagne fertile* eine fast liebliche Hügellandschaft mit hübschen Tälern, den einstigen Garten Korsikas. Die sich südlich von Calenzana ausdehnende *Balagne déserte* ist weitgehend unbesiedeltes, von Macchia überzogenes Land, das sich bis nach Galéria zieht.

DER NORDEN

Die fruchtbare Balagne ist seit der Eisenzeit bewohnt. Schon die Römer kultivierten das Land. Später lockten die wohlhabenden Orte und die gut bestellten Felder die Sarazenen an. Die Bewohner zogen sich in Dörfer zurück, die wie Adlerhorste sicher oben auf den Hügeln liegen. Die Genueser schließlich errichteten Burgen und Festungen zur Überwachung der Küste. Die *piaghja,* das Flachland, wurde jahrhundertelang von den Korsen gemieden. Im 18. und 19. Jh. blühte die Landwirtschaft. Mit der Landflucht Ende des 19. Jhs. setzte der Verfall ein. 1957 zerstörte ein Feuer Tausende von uralten Olivenbäumen und verheerte Felder und Wälder. Fast jedes Jahr fallen weitere Flächen den sommerlichen Feuersbrünsten zum Opfer. Zur Förderung der Landwirtschaft wurde am Regino ein Stausee angelegt, der die Bewässerung auch in regenarmen Jahren sichern soll. Der Tourismus ist ein bedeutender Wirtschaftsfaktor.

■ ZIELE IN DER BALAGNE ■

BELGODÈRE [123 D–E1]

Ein Fort bewacht den alten Ort (380 Ew.) über dem grünen Tal des Flüsschens Prato. Von früherer Zeit zeugen die alte Mühle und die Ruinen des Klosters *Madunuccia*. Von hier aus führt die herrliche ✹ Balkon-

Auch Bildhauer und Holzschnitzer leben und arbeiten im Künstlerdorf Pigna

straße D 71 nach Lumio, immer auf halber Höhe um das Tal des Regino herum.

CALENZANA [122 C2]

Ein hübscher Ort (1860 Ew.) inmitten von Oliven- und Mandelhainen, imposant gelegen am Fuß des Monte Grosso. Er ist bekannt für aromatischen Honig und das mit Weißwein bereitete Gebäck *cusgiulelle*. Hier ist der Ausgangspunkt für den Wander-

weg GR 20 und die leichtere Route *Tra Mare e Monti*.

LOZARI [120 B5]

Der herrliche Strand von Lozari am nördlichsten Punkt der Balagne ist frei zugänglich, wird aber durch ein Neubaugebiet in der Nähe immer voller.

MONTEMAGGIORE ✹ [122 C2]

Das Dorf liegt hoch über dem Fiume-Secco-Becken mit wunderschönen Ausblicken bis über Calvi hinaus und auf die Monte-Grosso-Kette. 5 km nach Norden befindet sich der ✹ Salvi-Pass (509 m) mit einer herrlichen Aussicht.

PIGNA ⭐ ▶▶ [123 D1]

Von Pigna (100 Ew.) ging in den 60er-Jahren die Initiative zur Gründung der *Corsicada*, der Genossenschaft der Kunsthandwerker Korsikas, aus. In den hübschen Häusern wohnen noch einige Künstler und Kunsthandwerker. In den zahlreichen Lädchen finden Sie ihre Arbeiten.

Ein Verein zur Förderung traditioneller Musik organisiert von hier ein ganzjähriges Musikprogramm sowie den kulturellen Sommerhöhepunkt „Estivoce" Anfang Juli, der das hiesige Auditorium mit Künstlern, Musikforschern und natürlich einem begeisterten Publikum füllt. | *www.centreculturelvoce.org*

SANT'ANTONINO ⭐ [123 D1]

Ein ganz eigener Zauber geht von dem winzigen Dorf (77 Ew.) aus, das um eine im 9. Jh. errichtete Fluchtburg entstanden ist. Wie aus dem Fels gewachsen liegt es in 500 m Höhe auf einem Gebirgskamm. Bis an den Ort führt eine kleine Straße, die am Kirchplatz endet. Das Dorf erkundet man zu Fuß über schmale Treppengassen, die bis zu den Mauerresten der Festung hinaufführen. ᨆ Die örtlichen Restaurants bieten eine wunderbare Aussicht.

Am Ortseingang befindet sich ein ganz besonderes Etablissement: Bei Olivier und *maman* Monique Antonini gibt es frisch gepressten Zitronensaft aus selbst angebauten Früchten. Gäste können sich damit in den kühlen Gastraum an einen riesigen Holztisch zurückziehen und das Getränk mit frischem Wasser und Zucker vervollständigen. Natürlich hat das kleine Weingut *Clos Antonini* auch andere Leckereien anzubieten: zum Beispiel den Hauswein (rot, weiß, rosé), Zitronenwein, einen herrlichen *muscat*, Konfitüren …

Was man in San Antonino auch nicht vergessen darf: eine kleine ᨆ Panorama-Wanderung über den Bergrücken hin zum Fuß des Monte Sant'Angelo (526 m). Wer mag, steigt auf den Gipfel (phänomenaler Blick!), ansonsten reicht der Spazierweg bis hierhin aus, um die Aussicht zu genießen (hin und zurück mit der Gipfelbesteigung ca. 2 Std.).

SPELONCATO [123 D1]

Wunderschön ist das Dorf (220 Ew., 553 m) an der D 63, die sich hinter dem Ort steil bergauf windet. Die hohen Häuser drängen sich um einen aufragenden Felsen. Am Dorfplatz, der *Place de la Libération*, steht das Palais des Kardinals Savelli, heute einziges Hotel des Ortes.

Wer bis zur ᨆ *Bocca di Battaglia* hochfährt, kann oben im *A Merendella* essen. Stéphane bereitet Gerichte mit frischen Zutaten, viele aus eigener Produktion (Wurst, Konfitüren), während Sie den Ausblick genießen *(Tel. 04 95 46 24 28 | €€)*. Hier ist auch der Ausgangspunkt für eine ᨆ Wanderung auf den Monte Tolu (ca. 2,5 Std. hin und zurück).

TARTAGINE-TAL [123 D–E2] Insider Tipp

Das Hochtal mit dem Örtchen *Olmi-Cappella* ist das östlichste der Balagne-Täler. Zu Füßen des Monte Padru laden die Wälder *Tartagine* und *Melaja* zum Wandern ein.

MARCO POLO HIGHLIGHTS

★ **Pigna**
Zentrum der Künstlerszene – Musik, Bildhauerei, Malerei … (Seite 32)

★ **Sant'Antonino**
Das Dorf, das auf das 9. Jh. zurückgeht, wirkt wie eine Trutzburg (Seite 32)

★ **Calvi**
Die Zitadelle prägt das kleine Städtchen (Seite 37)

★ **Fango-Tal**
Baden und Wandern, paradiesisch schön (Seite 40)

★ **Nonza**
Ein Dorf hoch über einem schwarzen Strand am Cap Corse (Seite 43)

★ **San Michele de Murato**
Wunderschöne pisanische Kirche und ein weiter Blick über die Insel (Seite 47)

BASTIA

■ ESSEN & TRINKEN ■

BAR RESTAURANT LE PASSAGE [123 D1]

Hier wird nach alten Rezepten der Familie Savelli korsisch gekocht. Unbedingt reservieren. Nur abends. *Ortseingang von Corbara | Tel. 04 95 60 28 00 | | €€*

CASA MUSICALE [123 D1]

Stimmungsvoll speist man auf der Terrasse unter den Sternen – im Sommer nach dem Essen manchmal Konzert, je nach Tagesform. Die Küche: Lamm, Wildschwein, Zicklein, erfinderisch köstlich gewürzt. Voranmeldung notwendig, Übernachtung möglich *(€€)*. *Pigna | Tel. 04 95 61 77 31 | Fax 04 95 61 74 28 | www.casa-musicale.org | €€€*

CHEZ EDGAR [120 A6]

In Lavatoggio befindet sich diese gute Adresse mit frischen Produkten und freundlichem Empfang: Bei Edgar können Sie ein authentisch-korsisches Menü genießen (ausschließlich abends, unbedingt reservieren). Es gibt keine kleinen Gerichte und keine Karte. *Tel. 04 95 61 70 75 | €€*

■ EINKAUFEN ■

L'ASTRATELLA [122 C1]

Wer sich mit korsischen Wildpflanzen Gutes tun will, wird hier fündig: ätherische Öle aus eigener Produktion, pur und in Massageölen. *Ausgeschildert etwas abseits der N 197 kurz hinter Lumio Richtung Calvi | www.astratella.com*

■ ÜBERNACHTEN ■

HÔTEL MARE E MONTI [123 D1]

Malerisch gelegen, altmodisch, im Restaurant korsische Küche. *18 Zi. | Feliceto | Tel. 04 95 63 02 00 | Fax 04 95 63 02 01 | www.hotel-maremonti.com | €€*

A PASTURELLA [123 D1]

Edel-schlichte Zimmer, herrliche Lage. Restaurant mit exzellenter korsischer Küche. *12 Zi. | Monticello | Tel. 04 95 60 05 65 | Fax 04 95 60 21 78 | www.a-pasturella.com | €€ – €€€*

LE PATIO [120 A6]

Im oberen Teil des Dorfes Corbara gelegen, besteht dieses Hotel aus kleinen Steingebäuden. Hübsche Zimmer mit Natursteinelementen; angeschlossenes Restaurant. *7 Zi. | Hameau du Borgu | Tel. 04 95 47 35 31 | www.location-corbara.com | €*

A SPELUNCA [123 D1]

Sie wohnen im ehemaligen Kardinalspalais. *18 Zi. | Speloncato | Tel. 04 95 61 50 38 | Fax 04 95 61 53 14 | www.hotel-a-spelunca.com | €€*

BASTIA

KARTE IN DER HINTEREN UMSCHLAGKLAPPE

[121 F5] Mit ca. 44 000 Ew. ist Bastia die zweitgrößte Stadt der Insel und ein bedeutendes Wirtschaftszentrum. Die Innenstadt hat aber ihren Charakter bewahren können. Bastia besteht aus *Terra Vecchia*, dem Gebiet des ehemaligen Fischerdorfs Cardo, und *Terra Nova*, dem 1380 gegründeten genuesischen Teil. Vom Bahnhof bis zum neuen Hafen zieht sich die Avenue Maréchal Sebastiani mit der Touristeninformation am Rand der Place St-Nicolas. Unter dem Platz bietet eine Tiefgarage Parkplätze.

Um den Platz liegen die schönsten Einkaufsstraßen, etwa die Rue Napoléon und der Boulevard Paoli.

◼ SEHENSWERTES ◼

KIRCHEN

Pompös und düster ist das Innere der Kirche *St-Jean-Baptiste*, die mit ihren zwei Glockentürmen hoch über dem Hafen aufragt. Die im 17. Jh. erbaute *rie,* Bischofssitz von 1540 bis 1801, mit sehenswerten Kunstwerken. Die an der Rückseite anschließende *Chapelle Ste-Croix* ist ein Barockbau mit Putten und Rankenwerk. *Sonntag nachmittags sind die Kirchen zu*

MUSÉE DE LA MINIATURE

Unterhalb der Festung hat René Mattei ein korsisches Dorf en miniature

Bastia: Auf der Place St-Nicolas wird des großen Korsen Napoleon mit einer Statue gedacht

Barockkirche ist die größte der Insel. Ebenfalls in den Gassen hinter dem Hafen: die *Chapelle de l'Immaculée Conception.* Sie erstrahlt in genuesischem Gold, rotem Samt und Marmor. Neben ihr die schlichtere, innen schön getäfelte *Chapelle St-Roch,* die nach der Pest von 1598 errichtet wurde. Am Südende der Zitadelle erhebt sich die Kathedrale *Ste-Ma-* errichtet. Es gibt Einblick ins Dorfleben von einst und ist mit Puppen in traditionellen Kostümen bevölkert. *La Poudrière | Südwesten der Zitadelle | April–Mitte Okt. tgl. 9–12 u. 14–18 Uhr | Eintritt 4 Euro*

PLACE ST-NICOLAS

Auf der Place St-Nicolas stehen die Korbstühle der Cafés, die Städter verbringen hier ihre Mußestunden zwischen Kriegerdenkmal, Musikpavillon und Napoleonstatue mit Blick über das Meer.

TERRA NOVA (ZITADELLE)

Die Mauer um das Festungsviertel zog man 1453, als Bastia Hauptstadt der Insel wurde. Neben dem Gouverneurspalast an der Place du Donjon steht noch der Turm, dem Bastia seinen Namen verdankt. Einen schönen Zugang und ein schattiges Plätzchen bieten die Gärten des *Jardin Romieu*, den man über die Treppe vom Hafen in die Zitadelle erreicht.

TERRA VECCHIA (ALTER HAFEN)

Enge Passagen zwischen hohen alten Häusern mit bröckelnden Fassaden kennzeichnen die Gassen um den alten Hafen *(Vieux Port)*, einst der Kern der mittelalterlichen Stadt, die um den natürlichen Hafen des Fischerdorfs Cardo gegründet wurde. Im Wasser schaukeln Fischerboote und Yachten, um den Hafen und an der Promenade drängen sich Cafés und Restaurants. Lohnend ist ein Spaziergang um das Hafenbecken auf die ☀ Mole *Jetée du Dragon*. Von der Spitze haben Sie einen tollen Blick auf die Stadt und das Meer, am allerschönsten im frühen Morgenlicht. Nur eine kurze Gasse hinter der Uferpromenade Quai des Martyrs de la Libération mit ihren Terrassenlokalen liegt die Place de l'Hôtel de Ville mit dem alten Rathaus.

■ ESSEN & TRINKEN

CHEZ VINCENT ☀

Pizzas, aber auch sehr gute traditionelle Gerichte, dazu ein toller Blick auf die Stadt und den Hafen. *12 rue St. Michel | la Citadelle | Tel. 04 95 31 62 50 | €–€€*

GLACIER RAUGI

Seit drei Generationen verkauft die Familie das beste Eis Bastias. *2 rue Chanoine Colombani*

A MANDRIA

Hervorragende korsische Küche direkt am Marktplatz. *4 place de l'Hôtel de Ville | Tel. 04 95 35 17 11 | €€*

U SAN MARTINU

Wenige Kilometer nördlich, in *San Martinu di Lota* am Kirchplatz, finden Sie ein kleines Restaurant mit 6 Gästezimmern *(€)*, das alles Lob verdient. Sehr gute traditionelle Küche und herzlich-familiärer Empfang. *Tel. 04 95 32 23 68 | €–€€*

■ EINKAUFEN

BOUTIQUE MATTEI

Die Firma, die in Korsika den legendären Aperitif „Cap Corse" herstellt, hat noch andere flüssige Köstlichkeiten sowie einige Sammlerobjekte aus der Firmengeschichte (Plakate, Gläser, Souvenirs etc.) im Angebot. Obstweine, Liköre, Sirups, ideal als Mitbringsel. *Place St-Nicolas | www.capcorsemattei.com*

■ ÜBERNACHTEN

Ruhiger sind die Hotels am Cap Corse oder südlich von Bastia. Für die Nacht vor der Abfahrt der Fähre:

L'ALIVI ☀ 📶

1 km nördlich des Yachthafens, direkt am Meer gelegen. Sehr komfortabel. *37 Zi. | Route du Cap | Tel.*

04 95 55 00 00 | Fax 04 95 31 03 95 |
www.hotel-alivi.com | €€€

BEST WESTERN CORSICA HOTELS

Gut eingerichtetes Haus mit viel
Komfort für den Preis, 500 m vom
Bahnhof. 71 Zi. | 10 Avenue Jean
Zuccarelli | Tel. 04 95 55 10 00 | Fax
04 95 55 05 11 | www.corsica-hotels.
fr | €€

HÔTEL CENTRAL

Die geschmackvolle Renovierung hat
den Charme des alten Stadthauses
erhalten. 20 mit viel Liebe zum Detail
ausgestattete Zimmer mitten in der
Stadt. Freundliche, familiäre Atmo-
sphäre, sehr empfehlenswert. 3 rue
Miot | Tel. 04 95 31 71 12 | Fax
04 95 31 82 40 | www.centralhotel.fr |
€€

■ FREIZEIT & SPORT ■

OBJECTIF NATURE

Das gesamte Sportangebot der Region, Beratung und Vermittlung.
Louis macht (fast) alles möglich:
z.B. Wildwasserspaß oder eine nächt-
liche Fischtour auf dem Meer mit
Buffet an Bord. 3 rue Notre Dame de
Lourdes | Tel. 04 95 32 54 34 | www.
objectif-nature-corse.com

■ AM ABEND ■

LA ONZIÈME ►►

Zum Clubbing geht die Szene in diese
Bar-Discothek. Do–So 22.30–5 Uhr |
quai des Martyrs

LA SUITE

Angesagte „Before Clubbing
Lounge" mit musikalischen Themen-
abenden. 18–2 Uhr | 2 rue César
Campinchi

Mattei: Hier gibt es den Kräuter-Aperitif „Cap
Corse" und noch viel mehr Süffiges

■ AUSKUNFT ■

Nordende der Place St-Nicolas | Tel.
04 95 54 20 40 | Fax 04 95 54 20 41 |
www.bastia-tourisme.com

■ ZIEL IN DER UMGEBUNG ■

LA CANONICA   [121 F6]

Unweit des Flughafens am Fluss Golo
neben der D 107 liegt die pisanische
Kathedrale Santa Maria Assunta, La
Canonica, ein harmonischer, heller
Sandsteinbau im romanischen Stil.
Daneben die Mauerreste der antiken
römischen Siedlung La Mariana, eine
frühchristliche Basilika mit einem
doppelten Taufbecken und Mosaik-
böden. Die Ausgrabung ist frei zugänglich. Mai–Sept. ist die Kathedrale tagsüber geöffnet

CALVI

[122 B1] ★ Geburtsstadt des Christoph
Kolumbus wird Calvi (5200 Ew.) gerne
genannt. Das ist zwar nicht bewiesen,

CALVI

aber, da die Festungsstadt zur Zeit der Geburt des großen Seefahrers unter genuesischer Herrschaft stand, durchaus möglich. Die Stadt mit der hoch aufragenden Zitadelle am südlichen Ende der Bucht von Calvi ist eine Augenweide: Bildschön leuchtet der helle Granit ihrer Mauern über dem Blau des Meeres. Das Städtchen besitzt hübsche Flaniergässchen und eine viel besuchte Hafenpromenade. Der endlose Sandstrand der Bucht führt langsam ins Meer – wer kleinere Strände sucht, nimmt die Schmalspurbahn in Richtung Île-Rousse, die an allen Stränden hält.

■ SEHENSWERTES

HAFENVIERTEL

Am Quai Landry konzentrieren sich Restaurants und Cafés. Am Quai legen auch die Ausflugsboote ab. Hinter der alten *Tour du Sel*, die einst zur Verteidigung der Speicher am Hafen errichtet wurde und als Salzlager diente, liegt der Fährhafen, davor bieten die Fischer morgens ihren Fang feil. Im Herzen des Hafenviertels liegt die Barockkirche *Ste-Marie-Majeure* (1774), deren Vorplatz abends ein beliebter Treffpunkt ist.

ZITADELLE

Über eine Zugbrücke kommen Sie hinein. Der ehemalige Gouverneurspalast beherbergt die letzte Abteilung der Fremdenlegion auf der Insel. ❋ Bei einem Spaziergang durch die engen Gassen öffnen sich immer wieder herrliche Ausblicke auf die Bucht, die Berge und die Halbinsel La Revellata. Schön ist ein Rundgang über die alten Festungsmauern. Das angebliche Geburtshaus von Kolumbus ist eine mit einem Schild gekennzeichnete Ruine. Es steht in der *Rue Colombe*. Die Kathedrale *St-Jean-Baptiste* thront über der Place d'Armes, dem ehemaligen Exerzierplatz. Sie ist ein lichter Kuppelbau

Die Kathedrale St-Jean-Baptiste steht auf dem höchsten Punkt des Zitadellenfelsens

und enthält eine Reihe bedeutender Kunstwerke.

■ ESSEN & TRINKEN ■

ANNIE TRAITEUR

Eine Institution in Calvi, frisch zubereitete regionale Köstlichkeiten, auch zum Mitnehmen, korsische Spezialitäten im Verkauf. *5 rue Clemenceau | Tel. 04 95 65 49 67 | www.annietrai teur.com | €–€€*

CAFÉ DE L'ORIENT

Im Cyber-Cafe Eis schlecken und Mails checken. *Quai Landry | Tel. 04 95 65 00 16*

U FANALE

Raffinierte und gut präsentierte Küche, 800 m vom Stadtzentrum auf der *Route de Porto. Quartier Mozello | Tel. 04 95 65 18 82 | €–€€*

A SCOLA

In der Trödel- und Dekoatmosphäre dieses Café-Bistros in der Zitadelle gibt's Salate, herzhafte *tourtes*, Nudeln und Süßes. Eigene Herstellung; Frühstück und Brunch. Abends nur per Reservierung! *Tgl. 10–18 Uhr, in der Hochsaison bis 20 Uhr | 27 chiappata San Ghjuvani | Tel. 04 95 65 07 09 | €€*

■ EINKAUFEN ■

In der kleinen Markthalle gibt es täglich Produkte aus der Balagne, am Fischerhafen Fisch.

■ ÜBERNACHTEN ■

LES ARBOUSIERS 🌿

Komfortables Haus in Strandnähe, 500 m vor der Altstadt. *40 Zi. | Route Pietramaggiore | Tel. 04 95 65 04 47 |* *Fax 04 95 65 26 14 | www.hotel-les arbousiers.com | €*

FERIENDORF ZUM STÖRRISCHEN ESEL

Familien-, Einzelbungalows und Jugendzelte, 300 m vom Strand. Nur Halbpension. *124 Bungalows, 30 Wohnzelte an der N 197 | Tel. 04 95 65 98 00 | Fax 04 95 65 98 09 | www.korsika.com | €€*

MAGNOLIA 🔊

Schattiger Garten, nahe dem Quai Landry: Schöner kann man mitten in Calvi nicht wohnen. *14 Zi. | Rue Alsace Lorraine | Tel. 04 95 65 19 16 | Fax 04 95 65 34 52 | www.hotel-le-magnolia.com | €€–€€€*

■ AM ABEND ■

L'ACAPULCO

Diskothek mit Restaurant. Häufig sind Künstler und Musikgruppen zu Gast. *3 km von Calvi (Shuttleservice kostenlos) | Route de Calenzana | www.acapulco-calvi.com*

CHEZ TAO

Livemusik. *Juni–Sept. tgl. ab 19 Uhr mit open end | La Citadelle | Rue St-François*

LE TIRE BOUCHON

Insider Tipp

Kleines Lokal mit hübscher Terrasse. 35 Weine und köstliche Kleinigkeiten – mit ihrem Konzept haben die jungen Besitzer Erfolg. *Im Sommer tgl. bis Mitternacht | 15 rue Clemenceau | Tel. 04 95 65 25 41 | €–€€*

■ AUSKUNFT ■

Port de Plaisance | Tel. 04 95 65 16 67 | Fax 04 95 65 14 09 | www.balagne-corsica.com

■ ZIELE IN DER UMGEBUNG ■

BOOTSAUSFLÜGE [122 B1]

Ein Ausflug zu den *Grottes des Veaux Marins* an der Halbinsel Revellata (6 km) führt in bizarre Grotten mit herrlich klarem Wasser. 60 km lang ist die Fahrt mit dem Schiff an der unter Naturschutz stehenden wilden Halbinsel Scandola vorbei nach *Girolata*. Mit Badeaufenthalt. *Dauer 9–17 Uhr | Tickets am Quai Landry | Tagesausflug ca. 50 Euro*

CIRQUE DE BONIFATU [122 C3]

Am Flughafen Ste-Catherine vorbei, dann auf der Straße D 251 am Figarella-Fluss entlang erreichen Sie den spektakulär schönen *Talkessel von Bonifatu* zu Füßen 2000 m hoher Berge. Kurz vor dem Forsthaus (12 km) beginnt der Aufstieg zum � *Chaos de Bocca Rezza*, einem Felsenmeer. Schön ist auch der Aufstieg nach Spasimata. Kehren Sie nicht um, bevor Sie hinter der Refuge de Carrozu über die abenteuerliche Hängebrücke geschaukelt sind (ca. 5 Std. hin und zurück, bei Unwetter schnell unpassierbare Furten). Die *Auberge de la Forêt* bietet auch eine Etappenunterkunft für Wanderer: *32 Schlafplätze, auch DZ | am Ende der Straße nach Bonifatu | Tel. 04 95 65 09 98 | http://auberge-foret-bonifatu.com | €– €€*

GALÉRIA UND FANGO-TAL ★ [122 B3]

Die schönste Route nach Galéria (300 Ew., 40 km südlich) führt über die D 81b. Das Meer hinter dem breiten, dunklen Strand ist ein Paradies für Taucher und Windsurfer. Herrliche Badebecken und Wandermöglichkeiten bietet das Tal des Flusses Fango. Das Flussdelta mit einer Vielzahl von Tier- und Pflanzenarten können Sie „erpaddeln". Zur Besichtigung (ca. 1 Std.) können Kajaks ausgeliehen werden (ca. 5 Euro). Vom großen Parkplatz vor Galéria rechterhand einem ausgeschilderten Fußweg folgen.

Wer in Galéria nächtigen will: Die ▶▶ 🔊 Residenz *L'Incantu*, die wochenweise vermietet und ein Restaurant besitzt, ist ein Tummelplatz der Taucherszene. *(16 Apt. | Tel. 04 95 62 03 65 | €– €€)*. Im Hotelrestaurant *L'Auberge* wohnen Sie gut und günstig in der Dorfmitte *(6 Zi. | Tel. 04 95 62 00 15 | www.hotel-restaurant-auberge.com | €– €€)*. Auskunft: *Office de Tourisme | Carrefour cinq Arcades | Galéria | Tel./Fax 04 95 62 02 27 | www.ot-galeria.com*

NOTRE-DAME DE LA SERRA 🌼 [122 B1]

Die Kapelle liegt hoch über Calvi, mit schönem Ausblick über die Stadt und die Bucht. Der Aufstieg von der N 197 dauert ca. 40 Minuten. Eine Straße führt von der Halbinsel Revellata zur Kapelle, vorbei an bizarren *tafoni*, erodierten Granitblöcken.

OCCI 🌼 [122 C1] *Insi Ti*

Besuchen Sie das verlassene Bergdorf auf 377 m Höhe. Der ca. halbstündige Aufstieg von der D 71 oder vom Parkplatz des Hotels St. Charles in *Lumio* aus ist leicht, und Sie werden überwältigt sein von der Aura dieses Ortes – lassen Sie Ihre Fantasie spielen, um sich vorzustellen, wie sich hier auf der Höhe einstmals das Leben abgespielt hat. Ein lohnendes Ausflugsziel ohne Eintrittsgeld und Verkaufsbüdchen.

CAP CORSE

[121 E–F1–4] **Die Fahrt um das Cap ist nur 100 km lang, doch die kurvigen Straßen geben ein langsames Tempo vor. Außerhalb der Täler dominiert an der Ostküste monotone Macchia, nur im Westen ist die Landschaft etwas ab-** am kleinen Kieselstrand, erhalten Sie einen typischen Eindruck des Caps. Weiter nördlich, in *Lavasina*, bekannt für die Wallfahrten zur Marienkirche, geht die Straße zum Fuß des Monte Stello ab. Sie führt steil bergauf nach *Pozzo*. Dort parken Sie. Die Wanderung und Kletterpartie auf den Gipfel

Im Fango-Tal kann man zur Abwechslung auch mal in Süßwasser baden

wechslungsreicher. An der D 80 stadtauswärts von Bastia durchfahren Sie zunächst moderne Vororte, doch schon nach wenigen Kilometern wird es ländlich. In *Pietranera* können Sie einen Umweg über die sehr lohnenswerte Höhenstraße von San-Martino-di-Lota machen (östlich auf die D 131 und dann über D 31 zurück ans Meer). In *Miomo*, auf grünem Schiefergestein erbaut, mit einem gut erhaltenen genuesischen Wachtturm

des *Monte Stello* (1307 m) und zurück dauert ca. 5 Std., der Blick von oben ist atemberaubend schön. *Erbalunga*, ein verwinkelter Ort etwas weiter nördlich, am Wasser auf Fels gebaut, lohnt einen Spaziergang.

In *Santa Severa* bietet sich die erste Abkürzung zur Westküste über das Örtchen *Luri* [121 E2] und den Col de Ste-Lucie an. Ein Besuch Luris ist besonders am ersten Juliwochenende interessant, dann ist nämlich Weinfest. Am Pass von Ste-Lucie zurück, machen Sie einen Abstecher zur ☀ *Tour de Sénèque*, einer Turmruine. Der Ausblick ist hinreißend. Dafür müssen Sie allerdings knapp 1 Std. Fußweg zurücklegen.

Macinaggio [121 F2] hat einen hübschen Hafen. Lohnend ist der Abstecher über die schmale D 53 durch dann nach Belieben weiter bis zum pittoresken *Centuri-Port* [121 E1–2]. Vermeiden Sie die Mittagshitze und denken Sie an ausreichend Trinkwasser. Einen detaillierten Wegeplan hält das Tourismusbüro bereit. In der Hochsaison können Sie dann nachmittags mit einem Zubringerboot Insider Tipp gemütlich von Barcaggio bis Maci-

Mittelmeeridylle: Das mittelalterliche Nonza thront malerisch auf einem Felsvorsprung

Rogliano und die angegliederten Weiler; Orte, denen man heute noch ansieht, dass die *capu corsini*, die Bewohner des Caps, einst ein erfolgreiches Handelsvolk waren. Mit einem schönen Zöllnerpfad *(sentier des douaniers)* wartet das Schutzgebiet „Pointe du Cap Corse" auf. Von Macinaggio bis Barcaggio (5–6 Stunden für die einfache Strecke) geht es vorbei an einsamen Stränden und naggio zurückfahren. Information und Reservierung im Hafen von Macinaggio.

Am Col de Serra führt ein halbstündiger Spaziergang vom Pass zum Aussichtspunkt ☀ *Moulin de Mattei* (404 m), einer restaurierten, etwa 150 Jahre alten Windmühle. Der Aperitifhersteller Mattei hatte sie ab 1930 jahrzehntelang als Reklameobjekt benutzt und zum Kitschobjekt stilisiert.

Auf dem Weg und in der Mühle Informationen zum zeitgeschichtlichen Hintergrund. Das Obergeschoss der winzigen Mühle bietet Platz für wechselnde Ausstellungen. *Juli/Aug. tgl. 10–17 Uhr*

Hinter Morsiglia verengt sich die Straße. Von nun an windet sie sich an den steilen Hängen des Westkaps nach Süden. Der schönste der vielen kleinen Orte an der Westseite des Caps ist ⭐ *Nonza* [121 E4]. Hoch über dem Meer auf einem Felsvorsprung, hinter einem schwarzen Strand (der seine Farbe dem asbesthaltigen Gestein aus einer stillgelegten Mine bei Canari verdankt), schmiegt sich das Dorf an den Hang. Es wird von einem genuesischen Turm mit rechteckigem Grundriss überragt und ist von Terrassen mit Gärten umgeben. Die sehenswerte Kirche Ste-Julie und der Platz davor bilden den Mittelpunkt Nonzas.

Ein kleines, aber feines *Museum* ist dem *cedrat,* der Zitronatzitrone und ihrer Kultur, Geschichte und Verwendung gewidmet. *100 m links oberhalb der Kirche*

■ ESSEN & TRINKEN

BELLINI [121 F2]
Seit 20 Jahren kocht hier der Chef persönlich. Probieren Sie Fisch aus lokalem Fang und die ausgezeichnete Fischsuppe mit pikanter Knoblauchcreme, der *rouille! Tel. 04 95 35 40 37* | €–€€

A MACCIOTTA [121 E1–2]
Der Wirt Henri fischt selbst, und alles ist frisch. Reichhaltige Portionen freundlich serviert. *Centuri-Port* | *Tel. 04 95 35 64 12* | €€

■ EINKAUFEN

DOMAINE PIERETTI [121 E2]
Gute Weine. Sehr einladend: der Weinkeller. *Santa Severa (bei Luri)*

■ ÜBERNACHTEN

HÔTEL CASTEL BRANDO 📶 [121 F4]
Sehr hübsches Hotel mit Charakter und Charme in einer restaurierten Villa mit Garten und Pool. *39 Zi., 6 App.* | *Erbalunga* | *Tel. 04 95 30 10 30* | *Fax 04 95 33 98 18* | *www.castel brando.com* | €€€

HÔTEL U SANT'AGNELLU 🔆 📶 [121 E2]
Hotel mit Restaurant. Bitten Sie um ein Zimmer mit Blick aufs Meer. *Juli/ Aug. nur Halbpension. 9 Zi.* | *Roglia-*

>LOW BUDGET

> Im Hochsommer jeden Tag dreimal, ab etwa 10–11 Uhr, finden in der Wallfahrtskirche *Madonna della Serra* am Hang über Calvi Gratis-Violinkonzerte statt.

> Die *Zugfahrt* 🔆 *Calvi–île-Rousse* mit dem Bummelzug (der *navette,* die überall hält) ist ein einmaliges Erlebnis und reißt kein Loch in Ihre Reisekasse (Hin- und Rückfahrt ca. 11 Euro).

> Ein *Kletterfelsen* auf der Île-Rousse vorgelagerten Halbinsel *Île de la Pietra* (über einen Damm mit der Kleinstadt verbunden) liegt unterhalb des Leuchtturms, nur wenige Hundert Meter vom Stadtzentrum entfernt. Sicherungen im Fels, sodass man auch als Anfänger nicht herunterfallen kann, kein Eintritt, keine Zugangsbeschränkung und ganz leicht zu erreichen.

no | Tel. 04 95 35 40 59 | Fax 04 95 35 09 99 | *www.hotel-usanta gnellu.com* | €€–€€€

U MARINARU ❋ [121 E2]

In diesem ruhigen kleinen Hotel begrüßt man Sie mit einem Lächeln. Die Fischerfamilie führt auch ein Restaurant, in dem der eigene Fang auf den Tisch kommt. *9 Zi. | Centuri-Port | Tel. 04 95 35 62 95 | www.marinaru-centuri.com* | €–€€

■ FREIZEIT & SPORT ■

Sporttauchen kann man bei Centuri-Port in 14 m tiefem, fischreichem Wasser.

■ AUSKUNFT ■

Am Hafen von Macinaggio [121 F2] | *Tel./Fax 04 95 35 40 34 | www.otro gliano-macinaggio.com*

ÎLE-ROUSSE

[120 B5] 1758 als Stützpunkt gegen Genua gegründet, unterscheidet sich Île-Rousse (3000 Ew.) durch rechtwinklige Straßen und offene Plätze von älteren korsischen Städten. Die Eisenbahn fährt mitten durch den beliebten Ferienort. In einem malerischen Bogen zieht sich der helle Sandstrand um die von Hotels und Campingplätzen gesäumte Bucht.

■ SEHENSWERTES ■

PLACE PAOLI

Hier steht die Büste des Stadtgründers. Um die platanenbestandene Place mit schattigen Cafés gibt es zahlreiche moderne Geschäfte. Nördlich davon liegt die schöne Markthalle, umgeben von Läden.

■ ESSEN & TRINKEN ■

A SIESTA [121 E2]

Schickes Strandrestaurant mit mediterraner Karte. Mittagsangebot *(formule midi)* mit zwei Gängen. Regelmäßig Musikabende. *Promenade A Marinella | Tel. 04 95 60 28 74* | €€

■ ÜBERNACHTEN ■

CLUBHOTEL MARISTELLA

10 km westlich in Algajola mit gutem Preis-Leistungs-Verhältnis und umfangreichem Service. Deutsch geführt. Pauschalangebote nur im Voraus von Deutschland aus buchbar! *100 Zi. | Route d'Aregno | www.ber ge-meer.de* | €€

ISULA ROSSA ⌇

Schönes Hotel, 500 m vom Zentrum, Frühstück im Garten mit Meerblick, nur 30 m vom feinen Sandstrand entfernt. *20 Zi. | Route du Port | Tel. 04 95 60 01 32 | Fax 04 95 60 57 32 | www.hotel-ile-rousse-isularossa.com* | €€

■ AUSKUNFT ■

7 place Paoli | Tel. 04 95 60 04 35 | Fax 04 95 60 24 74 | www.balagne-corsica.com

■ ZIELE IN DER UMGEBUNG ■

OSTRICONI-MÜNDUNG [120 C5] Insid Tip

Der Fluss endet in einer Lagune vor dem Strand (10 km von Île-Rousse), zu dem entweder ein 20-minütiger Fußweg vom Campingplatz in Ogliastro führt oder eine Kraxelpartie vom Ende der Straße. Am anderen Ende des langen weißen Strandes beginnt die Felswüste der Agriaten, mit abenteuerlichen Formationen und abgelegenen kleinen Buchten.

STRÄNDE [120 A–B5–6]

Eine Kette schöner Strände zieht sich von Sant'Ambroggio und dem malerisch gelegenen Seebad *Algajola* bis nach *Lozari* zur Mündung des Ostriconi. Die Schmalspurbahn verkehrt in der Saison stündlich zwischen Calvi und Île-Rousse. Sie hält nach Bedarf. Fahrpläne gibt es an den Bahnhöfen.

ST-FLORENT

[121 E5] Im Sommer wird der kleine Ort mit 1680 Ew. zum belebten Urlaubsdomizil. Im großen Yachthafen dümpeln Boote aus aller Herren Länder, die Einfahrtsstraße von Norden ist von Hotels gesäumt, und in den Gassen hinter der schönen, weiten Bucht herrscht touristischer Trubel. Restaurants mit korsischen Spezialitäten, Fischrestaurants und Eiscafés reihen sich aneinander. Der Ort wurde im 15. Jh. angelegt, und aus dieser Zeit stammt auch die kleine *Zitadelle* am Ufer. St-Florent hatte, solange die Herrschaft Genuas von See her bedroht war, strategische Bedeutung. Vom 18. Jh. an war der Ort jahrzehntelang fast unbewohnt, da die Ebene malariaverseucht war. Heute ist St-Florent das wirtschaftliche Zentrum der Region Nebbio.

■ SEHENSWERTES ■

DAS ALTE NEBBIUM

1 km vom Zentrum an der kleinen Straße nach Poggio-d'Oletta liegt die Kathedrale *Santa Maria Assunta*. **Insider Tipp** 1140 erbaut, besticht sie durch ihre perfekten Proportionen und sorgfältig gearbeiteten architektonischen Details im ebenmäßig gefügten Mauerwerk aus weißen Kalksandsteinqua-

Nicht immer ist es am Strand des beliebten Seebades Algajola so menschenleer

dern. An gleicher Stelle gründeten die Römer vor 2000 Jahren die Siedlung Nebbium. *Im Office de Tourisme erhältlich: Audioführung für den MP3-Player, 2–3 Euro*

ESSEN & TRINKEN

U TROGLU

Täglich frische hausgemachte Nudelspezialitäten. *Rue Centrale | Tel. 04 95 37 20 73 | €*

EINKAUFEN

POTERIE DU NEBBIU

Eine der besten Töpfereien der Insel. *5 km südöstl. an der Straße nach Oletta*

ÜBERNACHTEN

LA FLORENTINE 🔊

Schöne Anlage, 1 km nördlich des Zentrums an der Route du Front de Mer. Alle Zimmer klimatisiert und mit TV. Privatstrand mit Liegestüh-

len. *20 Zi. | Tel. 04 95 37 00 99 | Fax 04 95 31 72 45 | www.hotellaflorentine.com | €€€*

HÔTEL MALONI 🔊

Nahezu familiärer Empfang und die Möglichkeit, mit den Inhabern aufs Meer zu fahren. *8 Zi. mit Gartenzugang, 1 Fwg. | 300 m vom Strand, 1,8 km vom Ortszentrum | Lotissement Tettola | Tel. 04 95 37 14 30 | www.malonihotel.com | €– €€*

FREIZEIT & SPORT

ALTORE

Die Adresse für Outdooraktivitäten zu Wasser, zu Land und in der Luft. *Südl. des Orts auf dem Campingplatz „Aqua Dolce" | Tel. 04 95 37 19 30*

AUSKUNFT

Ortsmitte an der Route de Bastia | Tel. 04 95 37 06 04 | Fax 04 95 35 30 74 | www.corsica-saintflorent.com

❯ BLOGS & PODCASTS
Gute Tagebücher und Files im Internet

❯ **www.paradisu.de** – Blog eines Korsika-Liebhabers; Infos über korsische Musik und die korsische Flagge

❯ **www.tvclips.info** – Unzählige, die Insel betreffende Amateurvideos, im Suchfeld oben „Korsika" eingeben

❯ **www.abenteuerkorsika.de** – Blog für alle Liebhaber von Outdooraktivitäten

❯ **www.bike-and-smile.de** – Seite für Motorradfans mit Biker-Forum. Klasse: Tipps zu Werkstätten, Techniklexikon und sogar kulinarische Tipps

❯ **www.l-invitu.net** – Blog eines Musik- und Heimatbegeisterten, ein Teil ist auch auf Deutsch zugänglich, vieles über die Musikgruppe „A Filetta"

❯ **http://reisecast.podspot.de/?s= korsika** – Audiocast: Reiseerzählung in zwei Teilen mit vielen Infos

❯ **www.korsika-diveguide.de** – Blog vom Taucher für Taucher. Links zu deutschsprachigen Tauchbasen auf Korsika und viele Tipps rund um den Lieblingssport

Für den Inhalt der Blogs & Podcasts übernimmt die MARCO POLO Redaktion keine Verantwortung.

■ ZIELE IN DER UMGEBUNG ■

DÉSERT DES AGRIATES [120–121 C–D 4–5]

Das Naturschutzgebiet erstreckt sich ca. 30 km westlich an der Küste. Im späten Frühjahr blüht die Macchia steingartengleich. Die herrlichen Strände, *Plage de Saleccia* und *de Loto*, sind am besten mit dem Boot zu erreichen.

SAN MICHELE DE MURATO ★ ☀ [121 E6]

Von St-Florent auf der D 82 (über Oletta) auf den Col de San Stefano, einen Pass, von dem Straßen in alle Himmelsrichtungen abgehen. 5 km von dort an der D 5 steht die kleine, spätpisanische Kirche *San Michele* einsam auf einer Wiese. Die Kirche,

Hoffentlich ein guter Jahrgang ... Die Winzer in Patrimonio sind für Spitzenweine bekannt

PATRIMONIO [121 E5]

Das Dorf (680 Ew., 10 km östlich) liegt am Rand des fruchtbaren Tales von Nebbio, überragt von der Kirche St-Martin. In den Weingärten haben die Winzer Rebsorten angebaut, aus denen Spitzenweine hervorgehen. Die Straße wird von Kellereien gesäumt. Besonders empfehlenswert ist die *Cave Orenga de Gaffory* (Morta Majo), die einen köstlichen Rosé anbietet.

aus grünen Serpentin- und weißen Kalksteinblöcken schachbrettartig gefügt, ist die schönste der Insel. Bezaubernd sind auch die sorgfältig ausgeführten, naiv wirkenden Skulpturen.

Hungrige Gourmets dinieren im Spezialitätenrestaurant *Le But*, das unter anderem ein korsisches Menü für 40 Euro anbietet *(nur abends, So auch mittags | Soprano | Tel. 04 95 37 60 92 | €€).*

> MALERISCHE FELSEN, SCHÖNE BUCHTEN

Jenseits der beliebten Touristenziele gibt es verschwiegene Winkel zu entdecken

> Wer wild-zerklüftete Landschaften liebt, wird an der Westküste Korsikas bestens bedient: Mal ragen steile rote Felsen majestätisch aus dem Wasser, mal schmücken bizarre Felsauswaschungen das von Macchia überwucherte Land.

Der Golf von Porto, die vulkanische Halbinsel Scandola und die Calanches von Piana zählen zum Unesco-Weltnaturerbe. Sanfter, doch stets malerisch geht es in den Buchten von Cargèse, Sagone und Ajaccio zu.

Bild: Golf von Porto

AJACCIO

 KARTE IN DER HINTEREN UMSCHLAGKLAPPE

[125 E3–4] Die Stadt an der Nordseite des gleichnamigen Golfes ist die größte Korsikas (65 000 Ew.). Hier befindet sich das Parlament für gesamtkorsische Angelegenheiten, die *Assemblée Régionale de Corse*. Ajaccio ist die Geburtsstadt des französischen Kaisers mit Weltmachtambitionen, Napoleon Bonaparte.

DER WESTEN

Sein Name und sein Abbild prägen die Stadt, die sich gern auch als *Cité Impériale* feiert.

In Ajaccio herrscht südländische Betriebsamkeit, und nur für die Mittagsstunden kehrt Ruhe ein. In den engen Altstadtgassen sind die Bars und Restaurants bis tief in die Nacht besetzt. Am schönsten zum Bummeln sind die *Rue Fesch* und der *Cours Napoléon*. Beschaulicher ist es am Hafen vor der Zitadelle, wo Boote aus aller Welt liegen. Von der Mole 🌊 *Jetée de la Citadelle* blicken Sie über die Bucht und den Stadtkern.

■ SEHENSWERTES ■

MAISON BONAPARTE

Das Haus der Familie Bonaparte, in dem Napoleon I. zur Welt kam. *April–Sept. Di–So 9–12 u. 14–18 Uhr | 3 Rue Saint-Charles | Eintritt 5,50–7 Euro | www.musee-maisonbon aparte.fr*

MUSÉE BANDERA

Das Museum ist der Geschichte des korsischen Widerstandes bis zum Zweiten Weltkrieg gewidmet. *Juli–Sept. Mo–Sa 9–19, So 9–12 Uhr; Okt.–Juni Mo–Sa 9–12 u. 14–18 Uhr | 1 rue du Général Levie | Eintritt 4 Euro*

Sandro Botticellis „Madonna mit Girlande" (um 1470) im Palais Fesch

NOTRE-DAME DE LA MISÉRICORDE

Kathedrale mit mächtiger Kuppel aus dem 16. Jh. In dem Marmorbecken wurde Napoleon 1771 getauft. *Rue Forcioli-Conti | in der Altstadt | Mo–Sa 8–11.30 u. 14.30–17 Uhr, So 8–11.30 Uhr*

PALAIS FESCH

Napoleons Onkel, der Kardinal Fesch, hat eine kostbare Sammlung italienischer Kunst zusammengetragen und später seiner Stadt vermacht. Das Museum sowie auch die sehenswerte Grabkapelle *Chapelle Impériale* sind sind nach umfassenden Modernisierungsarbeiten wieder zu besichtigen. *Mo, Mi, Sa 10–18.30; Do, Fr, So 12–18 Uhr | 50 rue Fesch | Eintritt 8 Euro | www.musee-fesch.com*

PLACE D'AUSTERLITZ

Ein großes Standbild des Kaisers Napoleon mit einem Verzeichnis aller seiner Siege ziert den Platz. Von oben auf den ✱ Stufen hat man einen tollen Blick über Stadt und Bucht. In der dahinter liegenden Grotte soll der kleine Napoleon gern gespielt haben, erzählt man. *Am Ende des Cours du Général Leclerc*

PLACE MARÉCHAL FOCH

Das Zentrum des historischen Stadtkerns bildet die palmenumstandene Place mit dem Löwenbrunnen, in dessen Mitte sich die Marmorstatue Napoleon Bonapartes erhebt.

ZITADELLE

Sie dient bis heute als Militärsitz und ist nicht zu besichtigen.

◼ ESSEN & TRINKEN ◼

LE 20123

Komplett mit Dorfbrunnen und geparkter Vespa bildet das Interieur das Dorf Pila-Canale nach, dessen Postleitzahl dem Restaurant den Namen gibt. Gekocht wird nach authentischen Rezepten. Vorher reservieren, nur Barzahlung. *2 rue Roi-de-Rome | Tel. 04 95 21 50 05 | www.20123.fr | €€*

Was für ein Duft! Die ganze Vielfalt korsischer Wurst auf dem Markt in Ajaccio

U PAMPASGIOLU

Köstlichkeiten in angenehmem Rahmen; besonders originell und gut: das große Holzbrett mit korsischen Spezialitäten. *15 rue de la Porta | Tel. 04 95 50 71 52 | €€*

I SANGUINARI 🌼

Leckeres aus dem Meer und kleine Gerichte auf einer Terrasse mit atemberaubendem Blick; allerdings viel Trubel. *La Parata | Route des Îles Sanguinaires | Tel. 04 95 52 01 70 | €€*

■ EINKAUFEN ■

LA MARGE

Ausgezeichnete Buchhandlung. Der Schwerpunkt des Sortiments liegt auf Literatur über Korsika. *4 rue Emanuel Arène*

MARKT ⭐

Der schönste Markt Korsikas, eine bunte, duftende Fülle einheimischer Produkte, auch Kleidung. *Di–So 8 bis 12 Uhr | Square César Campinchi*

■ ÜBERNACHTEN ■

DOLCE VITA 🌼 📶

Ruhiges, herrlich gelegenes Haus direkt am Golf mit exzellentem Restaurant und Service. *32 Zi. | Route des Sanguinaires | Tel. 04 95 52 42 42 | Fax 04 95 52 07 15 | www.hotel-dolce vita.com | €€€*

HOTEL CASTEL VECCHIO 🌼 📶

Wenige Schritte von der Innenstadt gelegen, fast alle Zimmer hochwertig renoviert, gutes Frühstück. *100 Zi. | 7 rue Paul Colonna d'Istria | Tel. 04 95 22 31 12 | Fax 04 95 20 33 57 | www.hotel-castelvecchio.com | €€*

MARCO POLO HIGHLIGHTS

⭐ **Markt**
Betörende Farben und Düfte (Seite 51)

⭐ **Golf von Porto**
Wilde Bucht mit roten Felsen und kleinen Stränden (Seite 55)

⭐ **Calanches de Piana**
Bizarre rote Felsformationen (Seite 56)

⭐ **Capu Rossu**
Ein idealer Aussichtspunkt auf eine atemberaubende Landschaft (Seite 56)

⭐ **Scandola**
Hier hat ein Meister namens Natur gewirkt, und der Mensch hat das Werk bewahrt (Seite 57)

HOTEL KALLISTÉ

Mitten in der Stadt, mit schön reno-
vierten Zimmern. *45 Zi. | 51 cours
Napoleon | Tel. 04 95 51 34 45 | Fax
04 95 21 79 00 | www.hotel-kalliste-
ajaccio.com | €€*

*François Salini | Tel. 04 95 10 52 83 |
www.couleur-corse.com*

SENTIER DES CRÊTES [125 E4]

Der Höhenweg über die Hügel zwischen Ajaccio und der westlichen

So lässt sich's aushalten – in einem der vielen Straßencafés am Boulevard du Roi-Jérôme

SAN CARLU

Komfortables Hotel am Rand der
Altstadt. Einige Zimmer haben Meer-
blick. *40 Zi. | 8 boulevard Danielle
Casanova | Tel. 04 95 21 13 84 | Fax
04 95 21 09 99 | www.hotel-sancarlu.
com | €€*

■ FREIZEIT & SPORT

Insider Tipp
COULEUR CORSE

Laetitia und ihr Team organisieren
u.a. Bergtouren und Canyoning-Ta-
gestouren in einer herrlichen Schlucht
unweit der Stadt. Außerdem Skitou-
ren im Gebirge (Jan.–April). *13 bd.*

Landspitze *Les Sanguinaires* startet
in der *Avenue Nicolas Pietri*, oberhalb
der Bushaltestelle „Bois des Anglais". Ein etwa 5-stündiger Rundweg
durch die Macchia, vorbei an Stein-
skulpturen, ist möglich. Am besten
die „IGN-Top-25"-Karte von Ajaccio
zur Hilfe nehmen.

■ AM ABEND

CASINO

Alles, was das Spielerherz begehrt.
Dazu die Pianobar *L'EntreActe* mit
Diskothek sowie ein Restaurant (*€€–
€€€*). *Kasino tgl. 13–3 Uhr | Boule-*

vard Pascal Rossini | www.casino-ajaccio.com

LA PART DES ANGES

Mittags angesagtes Restaurant der korsischen Jugend (€), abends lässige Musikbar. *Tgl. 10–2 Uhr | 1 boulevard Lantivy | Tel. 04 95 21 29 34*

■ AUSKUNFT

🔊 *3 boulevard du Roi-Jérôme | Tel. 04 95 51 53 03 | Fax 04 95 51 53 01 | www.ajaccio-tourisme.com*

■ ZIELE IN DER UMGEBUNG ■

BASTELICA UND DIE
PRUNELLI-SCHLUCHT   [126 B2–3]

Von Cauro führt die D 27 ins Bergdorf Bastélica (779 m, 40 km von Ajaccio) und weiter in die Gebirgseinsamkeit hinein. Bastélica ist der Geburtsort des Nationalhelden Sampiero Corso. Einziges Hotel am Platz ist das *Sampiero (24 Zi. | Place de l'Eglise | Tel. 04 95 28 71 99 | Fax 04 95 28 74 11 | €)* mit Restaurant. Eindrucksvoll führt die enge, gewundene D 3 durch die *Gorges du Prunelli*, 6 km südwestlich von Bastélica, und umrundet den Stausee von Tolla.

LES MILELLI   [125 E3]

In einem schönen Olivenhain, 5,5 km von Ajaccio an der D 61, liegt das ehemalige Landhaus der Familie Bonaparte. Der Garten des Anwesens ist tagsüber zum Spazierengehen geöffnet. *Tgl. 9–17 Uhr*

LA PARATA   [125 D–E4]

Entlang der nördlichen Golfküste führt die *Route des Sanguinaires* aus der Stadt. Die Wohnviertel der Wohlhabenden, Hotels und schöne Badestrände mit feinem Sand begleiten den Weg. An der unter Schutz stehenden Landspitze *La Parata (*die letzten 800 m dorthin müssen Sie zu Fuß gehen) führt ein Naturlehrpfad in einer Viertelstunde zum ☀️ Wachtturm und der Landspitze selbst mit ihrem berühmten Blick auf die *Îles Sanguinaires* – am schönsten bei Sonnenuntergang, wenn die Inseln gemäß ihrem Namen oft vor blutrotem Himmel liegen. Zu einem Badeaufenthalt lockt die Bucht nördlich am *Capo di Feno* – über die D 111 b zu erreichen oder zu Fuß in 4 Stunden.

PORTICCIO UND DER SÜDLICHE
GOLF VON AJACCIO   [125 E–F4–6]

Feiner Sand und der herrliche Blick über die Bucht haben Porticcio zu einem beliebten, im Sommer überfüllten Urlaubsort gemacht. Hier gibt es das einzige Spaßbad der Insel, *Acqua Cyrné Gliss*, mit fünf Riesenrutschen der Spitzenklasse *(Mai tgl. 11–18, Juni–Sept. 10.30–19 Uhr | Eintritt 18 Euro | www.acquagliss. fr)*. Bekannt für Rot- und Roséweine ist das *Clos Capitoro* in Pisciatello *(Route de Sartène)*. Die Strände von *Ruppione* und *Agosta* sind paradiesische Gefilde für Surfer. Einmalig schön ist die ☀️ Fahrt über die D 55 in die Wälder und über die Pässe entlang des südlichen Golfs bis an den *Capu di Muru*.

CARGÈSE

[125 D1] Das Städtchen Cargèse am nördlichen Ende des Golfs von Sagone, mit 1140 Ew. die größte Siedlung der Gegend, wurde 1774 für griechische Einwanderer

gegründet. Davon zeugen die griechische Kirche und die weiß getünchten Häuser mit den üppigen Gärten, die so ganz anders wirken als in anderen korsischen Dörfern.

■ SEHENSWERTES ■
KIRCHEN

Seit dem 19. Jh. stehen sich die griechisch-orthodoxe *Église Saint-Spiridon* mit sehenswerten Ikonen und die katholische, in neobarockem Stil erbaute *Église de l'Assomption* gegenüber. Der Gottesdienst wird heute abwechselnd in beiden Kirchen von einem Pfarrer gehalten.

■ ESSEN & TRINKEN ■
BEL MARE ☆☆ ⌇

An der *Route de Sagone* liegt dies gute Restaurant mit regionaler Küche, u.a. Fisch und Meeresfrüchte. Des Öfteren Livemusik am Abend, schöne Sicht von der Terrasse. Auch 17 Zimmer *(€€)*. *Tel. 04 95 26 40 13* | *Fax 04 95 26 48 24* | *www.belmare. net* | €–€€

>LOW BUDGET

> Im *Maison Bonaparte (S. 48)* ist für alle Menschen unter 26 Jahren der Eintritt frei.

> Der Museumspass *(pass musées)* für ca. 10 Euro gewährt verbilligten Eintritt in alle Museen in Ajaccio. Erkundigen Sie sich im Office de Tourisme nach den genauen Modalitäten!

> Machen Sie die Boutiquen unsicher, wenn es am günstigsten ist. Der Sommerschlussverkauf *(soldes)* findet auf Korsika ab Mitte Juli für etwa 10 Tage statt.

LE CABANON DE CHARLOTTE

Hafenlokal zum Wohlfühlen, in dem köstliche Fischgerichte angeboten werden. *Am Yachthafen* | *Tel. 06 81 23 66 93* | €–€€

■ ÜBERNACHTEN ■
LES LENTISQUES ⌇

Das kleine, gut eingerichtete Hotel-Restaurant besticht vor allem durch die Lage am Strand *Plage de Peru*. 18 Zi. | *Tel. 04 95 26 42 34* | *Fax 04 95 26 46 61* | *www.leslentisques. com* | €€

■ STRÄNDE ■

Traumhaft sind die Strände der Umgebung, *Chiuni* und *Peru* nördlich des Ortes sowie *Ménasinu, Capizollu* und *Stagnolu* im Süden.

■ AUSKUNFT ■

Rue du Doctor Dragacci | *Tel. 04 95 26 41 31* | *Fax 04 95 26 48 80* | *www.cargese.net*

■ ZIELE IN DER UMGEBUNG ■
BADEORTE AM GOLF
VON SAGONE   [125 E1–2]

In der weiten Bucht liegen die kleinen Badeorte *Sagone*, von dessen einstiger Größe nur noch die Ruine der Kathedrale Sant'Appiano oberhalb der Sagone-Mündung zeugt, *Tiuccia* und *La Liscia*, alle mit schönen Stränden und allerlei Wassersportangeboten. Für diejenigen, die mal was anderes ausprobieren wollen, gibt es bei *Top Fun Aeronautique* an der *Plage de la Liscia* z.B. Gleitschirmflieger-Taufen im Huckepackflug *(Calcatoggio* | *Tel. 04 95 51 11 47)*. Am Hafen von Sagone bietet das Restaurant *L'Ancura* u.a. fangfrischen Fisch und Langusten zu zivilen Preisen *(Port de Sagone | Tel. 04 95 28 04 93 | €)*.

Auskunft: *Office de Tourisme | Route de la Plage | Les Mimosas | Sagone | Tel. 04 95 28 05 36 | www. golfedesagone.net*

CINARCA [125 E–F2]

In der Cinarca, dem traditionell landwirtschaftlich genutzten Hinterland der Bucht von Sagone zwischen den Flüssen Liamone und Gravona, gibt es viele kleine Dörfer zu entdecken, die schönsten sind *Sari d'Orcino, Calcatoggio* und *Casaglione.* Im Weingut *Clos d'Alzeto* bei Sari, dem höchstgelegenen der Insel, werden seit 1820 Spitzenweine angebaut.

QUELLGEBIET DES LIAMONE [122–123 B–D6]

Die D 70 führt von Sagone (18 km) ins Städtchen *Vico*, den einstigen Bischofssitz mit einem Franziskanerkloster. An der D 23, 3 km hinter Vico an der Brücke, gibt es herrliche Badebecken im *Liamone.* In Murzo biegt die D 4 Richtung Muna ab. Sie ist kürzlich teilerneuert, birgt aber noch einige abenteuerliche Abschnitte, je weiter man sich in die Bergwelt hineinbegibt. Das einst verlassene Dörfchen *Muna* erlebt seit Kurzem einen neuen Frühling: Ehemalige Dörfler verlegen wieder ihren Wohnsitz hierher, Häuser werden instand gesetzt, der Briefträger kommt vorbei, ein Imker betreut seine Bienenstöcke, kurz: Das Leben kehrt zurück. Nach einem Spaziergang im Dorf kann man über Rosazia und Salice an den Fluss *Cruzini* fahren, der mit schönen Badebecken aufwartet. Auf

der ☀ D 23 geht es dann über Guagno-les-Bains ins hübsche Dorf *Soccia* auf einem Bergsporn über tiefen Schluchten. Großartig ist die Wanderung vom Parkplatz oberhalb Soccias (ausgeschildert) zum Ge-

Goldschimmernde, griechisch-orthodoxe Pracht: Église Saint-Spiridon in Cargèse

birgssee *Lac de Creno*, der in gut einer Stunde (300 Höhenmeter) zu erreichen ist und einen schattigen Platz zum Picknicken bietet.

Insider Tipp

PORTO

[122 B5] Das aus rotem Stein gebaute Porto, ein Weiler des benachbarten Bergdorfs Ota (550 Ew.), ist dank seiner Lage am ⭐ *Golf von Porto* zum touristischen

Anziehungspunkt geworden. Restaurants, Hotels und Souvenirboutiquen prägen das Ortsbild. Besteigen Sie jedoch den vorgelagerten Genuesenturm oder unternehmen Sie eine Bootsfahrt, werden Sie sich an der Wasser- und Felskulisse nicht sattsehen können. Porto hat einen Kieselstrand, Sandstrände sind weiter weg und nicht immer leicht zugänglich. Die Unesco führt den Golf von Porto als Weltnaturerbe.

ESSEN & TRINKEN

LA BELVEDERE ✴

Hier achtet die Familie auf guten Service auch in der Hochsaison. Mediterrane Küche und internationale Klassiker. *Am Hafen* | *Tel. 04 95 26 82 13* | *€–€€*

ÜBERNACHTEN

CALA DI SOLE 📶

Ideal gelegene Hotelresidenz mit 35 Apartments. Blick aufs Meer oder den Eukalyptushain. *Tel. 04 95 26 12 44* | *Fax 04 95 26 13 44* | *www.hotelcala disole.com* | *€€*

CHEZ FELIX

Seit Jahrzehnten ist Felix in Ota der Allrounddienstleister für Wanderer: Abholservice, Herberge mit Mehrbett- und Doppelzimmern (*€*), Bar und Restaurant (*€€*). *Ota* | *Dorfmitte* | *Tel. 04 95 26 12 92 (Restaurant)* | *Tel. 04 95 70 68 49 (Übernachtung)* | *Tel. 04 95 26 18 25 (Taxi, Minibus)* | *http:// gite-chez-felix.com*

AUSKUNFT

La Marine | *Tel. 04 95 26 10 55* | *Fax 04 95 26 14 25* | *www.porto-tourisme. com*

ZIELE IN DER UMGEBUNG

CALANCHES DE PIANA ⭐   [122 A–B5]

Gleich südlich von Porto liegen die Calanches, ein Magnet der Region. Wild verwittertes rotes Porphyrgestein bildet bizarre Formationen in einer Landschaft mit rauschenden Flüssen, baumbestandenen Steilhängen und grünen Weiden. Es bieten sich zahlreiche Möglichkeiten für Spaziergänge und Kletterpartien. Neben Porto im Inneren der Bucht ist *Piana* der zweite Hauptort am Golf, auf 430 m hinter den roten Felsen der Calanches gelegen, ein hübsches Dorf mit Geschäften und Lokalen und vielen Ferienwohnungen. Im ✴ Hotel **Les Roches Rouges** mit seiner *Insider Tipp* wunderschönen Lage auf den Felsen können Sie im stimmungsvollen Ambiente der 30er-Jahre übernachten (*30 Zi.* | *Tel. 04 95 27 81 81* | *Fax 04 95 27 81 76* | *www.lesrochesrou ges.com* | *€€*).

CAPU ROSSU ⭐   [122 A5]

Am Capu Rossu thront mehr als 300 m über dem Meer an einer senkrecht abfallenden Felswand der *Turm von Turghio* über der Südspitze des Golfs von Porto. Man erreicht ihn nur zu Fuß von dem Parkplatz mit Bar, der ca. 8 km von Piana an der D 824 Richtung *Plage d'Arone* liegt, dem abgelegenen Sandstrand am Ende der Straße. Gut 3 Stunden hin und zurück mit kleiner Kletterpartie zum Ziel. Die Wanderung ist in der sommerlichen Mittagssonne nicht zu empfehlen. Wasser mitnehmen!

GORGES DE SPELUNCA   [122 B–C5]

Die Flüsschen Aitone und Tavulella haben sich tief in das Gebirgsmassiv eingegraben. Die so entstandene Schlucht erreicht man auf der D 124 kurz hinter *Ota* (6 km von Porto). Unweit der genuesischen Bogenbrücke Pont d'Ota führt ein Fußweg hinein und hinauf nach *Evisa*. Bequeme fahren nach Evisa und laufen bergab durch die Schlucht.

Hafen gebucht werden *(siehe „Auskunft")*. Durch zähes politisches Ringen mit Fischern und Bürgermeistern ist es vor Kurzem gelungen, das Kerngebiet des Reservats, die strengste Schutzzone, zu erweitern.

Geschütztes Badeparadies: Der Strand von Ficajola ist von Felsen abgeschirmt

SCANDOLA ⭐ [122 A3–4]

Das Naturreservat Scandola umfasst die gesamte Halbinsel nordwestlich von *Osani* sowie weite Wasserareale, in denen sich Fischbestände regenerieren können. Fischadler bauen auf den Klippen ihre Nester, und Besucher können ihren majestätischen Flug verfolgen. Da das Betreten der Küste streng verboten ist, besucht man Scandola am besten per Schiff. Bootsausflüge können in Porto am

STRAND VON FICAJOLA [122 A5]

Kurz hinter Piana (14 km) zweigt von der Küstenstraße D 824 die steile *Route de Ficajola* ab, die in wenigen Minuten von 400 m hinunter ans Meer führt. Schon die Fahrt ist ein Erlebnis. Vom Parkplatz am Ende der Straße sind es dann noch zehn Minuten steiler Fußweg, und Sie sind da: Eingebettet in rote Felsen liegt ein Strand aus rundgewaschenen winzigen Granitkieseln, vor dem es schnell tief wird. Sie blicken beim Schwimmen auf die einzigartige Kulisse des Golfs.

> ALPINE WILDNIS

Auf den Höhen locken herrliche Wanderungen und Hochgebirgstouren

> Ein Gebirgsmassiv mit 70 Gipfeln von über 2000 m Höhe bildet das Herz der Insel. Geologisch sind es zwei Massive, im Nordosten das jüngere, kleinere Schiefermassiv, das auch das Cap Corse bildet und etwa auf der Linie Île-Rousse–Corte–Solenzara in einem Grabenbruch endet.

Sein höchster Berg, der San Petrone, misst 1767 m. Vom Nordwesten zum Südosten zieht sich das größere, höhere, von der Gletscherschmelze geprägte Granitmassiv mit schroffen Felshöhen, tief eingekerbten Schluchten und ausgedehnten Buchen- und Kiefernwäldern hin. Feste Schuhe, warme Kleidung, Trinkwasser und Regenzeug sollte man immer dabeihaben. Selbst im Hochsommer kann das Wetter schnell umschlagen und mit Eiseskälte und heftigen Gewittern, teils mit Hagel, aufwarten. Die vier wichtigsten Pässe an den Eingängen ins Hochland, der Col de Vergio, der Col de Verde, der Col de

Bild: Col de Vergio

DAS BERGLAND IM INNEREN

Vizzavona und der Col de Bavella, sind im Winter oft unpassierbar.

ASCO-TAL

[123 D–F2–3] **Das Asco-Tal, das nördlichste der Hochgebirgstäler, ist lang und abgeschieden.** Die Straße (D 147) zum Talkessel unterhalb des Monte-Cinto-Massivs führt auf 32 km durch ein einziges Dorf – *Asco* –, dessen 130 Ew. von der Honig- und Käseherstellung und vom Fremdenverkehr leben. Die Straße endet auf 1450 m Höhe, von Zweitausendern umringt. Hier haben Steinadler und Bartgeier eine Heimat. Wandern Sie nur mit Karte!

ESSEN & TRINKEN ÜBERNACHTEN

L'ACROPOLE [123 D3]
Fünf einfache Gästezimmer für zwei bis vier Personen in Asco. Mittags

und abends gibt es ein bodenständig gutes Menü. Geöffnet April–Okt. Ein Swimmingpool mit Bergblick macht das Wandererglück komplett. *Tel./ Fax 04 95 47 83 53 | www.acropole-asco.com | €– €€*

Moltifao | Tel. 04 95 35 16 75 | www.campingecanicce.com | €

CHALET DU HAUT-ASCO  [123 D3]

Hotel und Restaurant ganz oben im Tal. Ausgezeichnetes Standquartier

Die Zitadelle von Corte zeugt bis heute eindrucksvoll vom Widerstand gegen Fremdherrschaft

CABANELLA [123 E2]

Hotel-Restaurant mit Camping am Fluss. *6 Zi. (darunter auch günstige Mehrbettzimmer) an der D 147 | Moltifao | Tel. 04 95 47 80 29 | www.hotel-cabanella.com | €*

E CANICCE [123 E2]

Ein heißer Tipp für Wanderer, die es ganz günstig wollen: Bei Joël und Domi kann man zu zweit zelten, sein Wohnmobil abstellen oder auch ein günstiges Steinhaus mieten. Ruhig am Fluss gelegen. *Route de l'Asco |*

für Wanderer. *22 Zi. (darunter auch Mehrbettzimmer) Haut-Asco | Tel. 04 95 47 81 08 | Fax 04 95 47 11 20 | www.hotel-lechalet-asco.com | €*

■ FREIZEIT & SPORT ■

VIA FERRATA [123 F2]

Wer sich auf diesem Klettersteig im Asco-Tal amüsieren will, wendet sich in *Ponte-Leccia* an die Betreiberfirma *In Terra Corsa*. Dort gibt es Material und Anfahrtsplan. *In Bahnhofsnähe | Tel. 04 95 47 69 48 | www.interracorsa.com*

BERGLAND IM INNEREN

CORTE

[123 F4] **Corte (6800 Ew.), die „heimliche Hauptstadt" der Insel, war das Zentrum des Widerstands gegen die genuesische Herrschaft.** Allerdings war der Ort nur während des Regiments Pasquale Paolis von 1755 bis 1769 Regierungssitz. Aus dieser Zeit stammt auch die Universität, die nach ihrer Schließung 1769 erst 1981 wieder öffnete.

■ SEHENSWERTES

COURS PAOLI

Die Flanier- und Einkaufsstraße ist die Hauptader von Corte. In den Cafés halten Einheimische ihr Schwätzchen, Bäckereien bieten Leckereien aus Kastanienmehl an. Über der *Place Paoli* thront die Bronzestatue des Nationalhelden Pasquale Paoli.

MUSÉE D'ANTHROPOLOGIE DE LA CORSE

Interessante Einführung in die korsische Lebensweise. Die Eintrittskarte berechtigt auch zur Besichtigung der ☀ Zitadelle, in der das Museum untergebracht ist. Nebenan wird zeitgenössische korsische Kunst gezeigt. *April–Juni Di–So 10–18, Juli–20.*

Sept. tgl. 10–20 Uhr | *www.musee-corse.com* | *Eintritt 5,50 Euro*

OBERSTADT

Malerisch ist die Altstadt mit der ☀ Zitadelle und den hohen, bröckelnden Hausfassaden. Die Kapelle *Ste-Croix* an der Rue Colonel Feracci ist Ausgangspunkt der vorösterlichen Prozession. Gassen mit Kopfsteinpflaster führen hinauf zur *Zitadelle*. An der *Place Gaffori* – die Einschusslöcher im Haus an der Ecke stammen aus dem Freiheitskrieg – lohnen ein Blick in die Kirche *L'Annonciation* und von dort der Aufstieg zum ☀ *Belvedere*.

■ ESSEN & TRINKEN

LE CAFÉ DU COURS 🔊

Etabliertes Internetcafé mit Flair. Im Sommer Di und Do abends Livemusik. *22 cours Paoli* | *Tel. 04 95 46 00 68* | €

Über dem Café befindet sich das *Hôtel du Nord* mit 16 Zimmern *(Tel. 04 95 46 00 33* | *www.hoteldunord-corte.com* | €€).

MUSEU

Zu Füßen des Museums, ein schattiges Gartenrestaurant mit guter korsischer Küche. Preiswerte Tellergerichte *(plats)* und Menüs. *1 rampe Ribanelle | Tel. 04 95 61 08 36 |* €

LE VINGT-QUATRE

Stilvolles Restaurant in Natursteinmauern. Raffinierte Küche, in der lokale Zutaten aufs Köstlichste veredelt werden. Statt eines Menüs kann man auch einen günstigen großen Teller *(grande assiette)* wählen. *24 cours Paoli | Tel. 04 95 46 02 90 |* €€

■ EINKAUFEN

In der Oberstadt haben sich Kunsthandwerker angesiedelt. Ihre Werkstätten sind ausgeschildert.

U GRANAGHJU

Alle korsischen Spezialitäten von Gewürzen über Konfitüren bis zu Wein und Schinken. *Place Paoli*

MICHEL ANDREÏ

Schöne Holzobjekte, viel Spielzeug, einiges für die Küche – eine Fundgrube für Mitbringsel. *1 place Gaffori*

POTERIE LEONELLI

Gediegene Töpferkunst mit gekonnten Glasuren. *4 rue Chiostra*

■ ÜBERNACHTEN

DOMINIQUE COLONNA 🔊

Geschmackvolles Hotel, idyllisch in der Schlucht am Fluss gelegen. *28 Zi. | Vallée de la Restonica | Tel. 04 95 45 25 65 | Fax 04 95 61 03 91 | www.dominique-colonna.com |* €€

E CASELLE 🔊

Schön gelegenes Hotel-Restaurant in in *Venaco*, 10 km südlich. *47 Zi. | Tel. 04 95 47 39 00 | Fax 04 95 47 06 65 | www.e-caselle.com |* €€

> BÜCHER & FILME
Geschriebene, gefilmte und gezeichnete Inselbilder

> **Colomba** – eine Erzählung um Blutrache und Ehre und …

> **Matteo Falcone** – eine spannende Novelle um Verrat, Tod und Ehre unter korsischen Hirten – beide von Prosper Mérimée (1803–70)

> **L'Enquête Corse** – herrlich lustiger Comic von Zeichner und Autor Pétillon über einen Privatdetektiv in schwieriger Mission auf der Insel

> **Asterix auf Korsika** – scharfsinnig-liebevolle Karikatur der (eigenartigen) Korsen – Comic-Klassiker von René Goscinny und Albert Uderzo

> **Der König von Korsika** – Roman von Michael Kleeberg über das Leben Theodors von Neuhoff

> **Die Steinsuppe** – Märchen und Geschichten aus Korsika, zusammengetragen von J. B. F. Ortoli

> **Singles unterwegs** – 1999 von Philippe Harel gedrehte Beziehungskomödie, die im korsischen Gebirge spielt

> **Die Schöne und das Biest** – halbstündige TV-Reportage über korsische Geschichte, Identität und Machtkämpfe. Der Musiker Jean-Paul Poletti führt über seine Insel. Aus der SWR-Reihe „Faszination Frankreich" (DVD)

> **Die Rache der Colomba** – Laurent Jaoui verfilmte 2005 den Klassiker von Prosper Mérimée

BERGLAND IM INNEREN

HÔTEL HR ▶▶ 📶

Bei Wanderern beliebtes Haus, auch Mehrbettzimmer. Mit Schwimmbad. *96 Zi. | 6 Allée du 9 Septembre | Tel. 04 95 45 11 11 | Fax 04 95 61 02 85 | www.hotel-hr.com | €*

HÔTEL DE LA PAIX 📶

Renovierte Zimmer auf vier Etagen in einem imposanten alten Stadthaus, zentral gelegen, freundlicher Empfang. *63 Zi. | 9 Avenue du Général de Gaulle | Tel. 04 95 46 06 72 | Fax 04 95 46 23 84 | €*

■ AUSKUNFT ■

In der Zitadelle | Tel. 04 95 46 26 70 | Fax 04 95 46 34 05 | www.corte-tourisme.com

■ ZIELE IN DER UMGEBUNG ■

CASCADES DES ANGLAIS ⭐ [126 C1]

Der schönste Wanderweg am Col de Vizzavona (1161 m, 35 km südlich von Corte) beginnt im Weiler *La Foce*, nördlich des Passes. Er führt in etwa einer halben Stunde zu den beeindruckenden Wasserfällen, wo der Gebirgsbach Agnone tosend über viele steile Stufen springt. Wer mag, kann diese Tour mit einem weiteren Highlight verbinden, der Fahrt mit der Schmalspurbahn ⭐ *„Micheline"*, die von Corte nach Vizzavona gemächlich durch die Bergwelt schnauft *(s. S. 106)*.

GORGES DE LA RESTONICA [123 E–F4–5]

Bei Corte beginnt eine der schönsten Schluchten Korsikas. Durch ein enger werdendes Tal geht es bergauf. Jäh aufragende Felsnadeln, der tief unten rauschende Fluss sind ein überwältigender Anblick. Die Badebecken im

Fluss *Restonica* sind belebend-frisch. Die Straße endet oberhalb der Waldgrenze hinter der 🌿 *Bergerie de Grotelle*, wo Sie ein herrliches Gebirgspanorama erwartet. Im Hochtal

Sprudelnder Bach: Gorges de la Restonica

am Fuß des Monte Rotondo führen Wanderwege u. a. an den *Melo-* und den *Capitello-See*. Das Tal ist viel besucht, fast schon überfüllt; vom 15. Juni bis 1. Sept. ist der Verkehr streng geregelt.

LE BOZIU [124 A4–5]

Planen Sie von Corte aus eine Rundfahrt zu den Höhepunkten dieser Gegend: Starten Sie auf der D 39 und statten Sie *Alando* einen Besuch ab. Hier stand einst die Wohnburg des Sambucuccio, der im 14. Jh. eine Form des gemeinschaftlichen Landbesitzes durchsetzte, was dem gesamten Norden der Insel den Namen *Terra di u Cumunu* eintrug.

Die D 39 führt Sie nun weiter nach *Bustanico*. Von diesem 70-Seelen-Dorf ging 1729 der Unabhängigkeitskrieg aus. Das Holzkruzifix in der Pfarrkirche ist ein schönes Beispiel korsischer Volkskunst. In Bustanico führen nun die D 441 und D 41 nach *Sermano*. An der Straße, unweit vom Ort, liegt vor einem eindrucksvollen Bergpanorama die Kapelle *San Nicolao* mit gut erhaltenen Fresken aus dem 15. Jh.

Der Rückweg nach Corte führt nun von der Weggabelung kurz vor Sermano über *Tralonca* zur N 193 und auf dieser in südlicher Richtung die letzten 7,5 km wieder zurück in die Stadt.

Planen Sie entweder ein Picknick ein oder eine Mittagsmahlzeit im *U San Fiurenze (Tel. 04 95 48 68 08 | €–€€)* in Sermano. In der angeschlossenen Herberge können Sie auch für 15 Euro/Person im Viererzimmer übernachten.

MONTE D'ORO [123 E6]

Vom Weiler *La Foce* aus kann, wer über ausreichende Kondition und Erfahrung verfügt, den anspruchsvollen ☀ Aufstieg zum Gipfel des Monte d'Oro wagen. Für den Weg hin und zurück müssen Sie mit 10 Stunden rechnen. Eine Rundwanderung ist möglich.

NIOLO

[123 D–E3–4] Das Niolo, ein breites Gebirgstal am Oberlauf des Golo, ist nur von zwei Seiten zu erreichen. Von Westen über den 1464 m hohen Pass Col de Vergio, von Osten durch die Scala di Santa Régina. Nach allen Seiten von Bergen überragt, ist der kleine Ort ☀ *Calacuccia* (340 Ew.) im Niolo ein gutes Standquartier für Kletterer und Wanderer, die die nahen Berge erkunden wollen.

BERGLAND IM INNEREN

■ SEHENSWERTES

LAC DE CALACUCCIA [123 D4]

Der Stausee dient der Bewässerung der östlichen Küstenebene und zur Stromgewinnung. Baden Sie nicht unterhalb des Sees im Golo: Wenn Wasser abgelassen wird, ergießt sich eine gefährliche Flutwelle talwärts!

sauber, freundlich. *12 Zi., 4 Schlafsäle mit 28 Plätzen | Ortsausgang von Calacuccia | Tel. 04 95 48 00 11 | Fax 04 95 46 11 73 | €*

DES TOURISTES [123 E4]

Angenehmes Hotel mit altmodisch großen Zimmern; Restaurant. *28 Zi. |*

Wasserreservoir mit Postkartenpotenzial: der Stausee Lac de Calacuccia

■ ESSEN & TRINKEN

CASA BALDUINA 🔊 [123 E4]

Die gute korsische Küche gibt es nur als Halbpension für Gäste. Bestellung 48 Std. vorher. *8 Zi. | gegenüber vom Kloster, zwischen Albertacce und Calacuccia | Tel. 04 95 48 08 57 | www.casabalduina.com | €€*

■ ÜBERNACHTEN

COUVENT SAINT-FRANÇOIS [123 E4]

Ideales Quartier im Franziskanerkloster, einer Wanderherberge – still,

Calacuccia | Tel. 04 95 48 00 04 | www.hotel-des-touristes.com | €

■ AUSKUNFT

Calacuccia: Juli/Aug.: av. du Valduniellu | Tel. 04 95 47 12 62 | sonst: Route de Cuccia | Tel. 04 95 48 05 22 | www.office-tourisme-niolu.com

■ ZIELE IM NIOLO

LAC DE NINO ⭐ [123 D5]

Der Nino-See auf dem Hochplateau *Camputile* ist ein Schmankerl unter den Ausflügen auf Korsika. Auf halber Strecke zwischen den Niolu-Dörfern und dem Verghio-Pass ist der Startpunkt das Forsthaus von *Poppaghia*. Eine gelbe Markierung führt in nur 2 Stunden durch faszinierende Landschaftsformen zum ▲ *Col de Stazzone* leicht oberhalb der Hochebene, von wo aus sich ein majestätischer Blick auf den See eröffnet. Zurück geht es auf dem gleichen Weg. Wer selten wandert, lässt die 700 Höhenmeter Anstieg langsam angehen. Nehmen Sie sich den ganzen Tag Zeit!

MONTE CINTO [123 D3]
Überragt vom ▲ Monte Cinto (2706 m) begrenzt ein Massiv imposanter Gipfel das Niolo-Tal nach Norden. Von der *Refuge d'Ercu* führt ein steiler Weg in 2 Stunden über Geröll und Fels auf den Gipfel – nur für erfahrene Bergwanderer.

SAN MICHELE [123 F3]
Die Fresken in der Kirche in Castirla sind sehenswert. *16 km von Calacuccia flussabwärts*

SCALA DI SANTA REGINA ★ [123 E3–4]
Die teilweise spektakuläre Straße durch die wild zerklüftete Schlucht (D 84) windet sich abenteuerlich eng an Felsnasen vorbei, auf halber Höhe zwischen dem tief unten fließenden Golo und rotgrauen Granitspitzen der Steinwüste. An einer Brücke über einen Nebenfluss des Golo, an einer kleinen, ausgeschilderten Parkbucht, gelangen Sie auf den instand gesetzten Maultierpfad, der bis 1889 die einzige Verbindung aus dem Niolo nach Osten war.

VIRU-TAL [122–123 C–D4]
Der schönste Berg Korsikas, *Paglia Orba*, ist schwer zu bezwingen. In den Genuss seines Anblicks kommt, wer durch die reizvolle Landschaft des Viru-Tals wandert. Fahren Sie von Albertacce auf der D 318 über Calasima, bis die Straße unwegsam wird, und stellen Sie den Wagen ab. Nach etwa 40 Minuten Fußmarsch erreichen Sie die ▲ *Grotte des Anges* (1226 m), wo sich ein überwältigender Blick eröffnet. Wer bis zur *Bergerie de Ballone* wandert, findet tiefe Badebecken im Fluss.

TARAVO

[126 A5–C3] Das Taravo-Tal ist eines der schönsten Täler Korsikas, grün und wasserreich, mit unzähligen Wandermöglichkeiten beiderseits des Flusses. Im Hochtaravo-Tal gibt es nur eine einzige Tankstelle in *Bains de Guitera* [126 B–C4], einem winzigen Ort mit einer frei zugänglichen, nicht mehr genutzten Thermalquelle. Einkaufsmöglichkeit besteht in einem kleinen, doch recht gut sortierten Lädchen in *Zicavo* [126 C4].

■ SEHENSWERTES ■

HOCHPLATEAU
VON COSCIONE ★ ▲ [126 C4–5]
Entweder genießen Sie „nur" als Spaziergänger die herrliche Landschaft dieses Hochplateaus mit Feuchtwiesen, windzerpflückten Buchen, aufgetürmten Granitblöcken und fantastischer Rundumsicht, oder Sie planen es sportlicher und besteigen den „familienfreundlichsten Zweitausender" der Insel, den *Monte Incudine* (2134 m). Starten Sie von

BERGLAND IM INNEREN

Zicavo auf der D 69 südwärts, nach ca. 9 km links auf der holperigen D 428 bis zur Kapelle *San Petru*. Von dort aus am besten auf der kurz vorher links abzweigenden Forstpiste zu Fuß bis aufs Hochplateau.

POZZI DU RENOSU ⭐   [126 C2]

Die Verlandung ehemaliger Gletscherseen erschuf die mit Wasserlö-

Ragouts auch Wurst- und Schinkenwaren aus eigener Produktion auf den Tisch. *Tel. 04 95 24 46 06* | €€

■ EINKAUFEN ■

Bitter-würzigen <mark>Erdbeerbaumhonig</mark> <mark>Insider Tipp</mark> gibt es in *Zevaco* bei Dominique Poggi. Kandierte Maronen, Kastaniencreme und leckere Konfitüren macht im selben Ort Véronique Léo-

Autofahren als Abenteuer – auch bei niedriger Geschwindigkeit: Scala di Santa Regina

chern übersäten Feuchtwiesen *pozzines*. 3 Stunden Aufstieg und 2,5 Stunden Abstieg vom *Col de Verde* sind nicht zu viel der Mühe, um sich dieses Juwel der Bergwelt anzusehen.

■ ESSEN & TRINKEN ■

FERME-AUBERGE U TARAVU   [126 B4]

Bei Nadia und Angeot (sprich Anschoh) in *Zevaco* kommen neben

ni. Gute Ideen für Mitbringsel bekommen Sie beim Produzentenverband: *www.gietaravu.com*

■ ÜBERNACHTEN ■

Günstige Ferienwohnungen und Gästezimmer gibt es in *Cozzano*, *Sampolo-Giovicacce* und *Zicavo*. Konsultieren Sie die Website von „Gîtes de France": *www.gitescorsica.com*

> LANGE STRÄNDE UND TOLLE AUSFLUGSZIELE

Eine Ferienlandschaft zum Sonnetanken vor einer grandiosen Bergkulisse

> So lang wie die östliche Ebene, so lang ziehen sich auch die hellen Strände hin. Gut 100 km lang ist der Sandstreifen an der Küste zwischen Querciolo und Solenzara, wo viele Tausende ihren Urlaub in Feriendörfern verleben – wenn sie wollen, fernab vom Inselleben.

Das auf Korsika knappe urbare Land ist hier reichlich bemessen. Daher wird die Gegend vor allem landwirtschaftlich genutzt, Obstplantagen und Weinbauflächen prägen das Land-schaftsbild. Lagunenseen *(étangs)* bieten Zugvögeln eine Heimat, während menschliche Reisende in die Historie der Landschaft eintauchen können: In Aleria erzählt eine Aus-grabungsstätte vom Leben in der Ebene vor 2000 Jahren.

Unmittelbar hinter der weiten Ebe-ne, in den jäh aufsteigenden Bergen, liegt eine uralte Kulturlandschaft. Die Dörfer mit ihrer tausendjährigen Ge-schichte bildeten während der Ge-

Bild: Morosaglia

DER
OSTEN

nuesen-Herrschaft die Wiege des korsischen Nationalismus.

Die Ferienorte, von Querciolo im
Norden über San Pellegrino, Moriani-
Plage, Campoloro mit dem schönen
Yachthafen, Prunete, Bravone bis
nach Ghisonaccia und Solenzara sind
ursprünglich Ableger von Orten im
Oberland, die sie allerdings an Ein-
wohnerzahl und wirtschaftlicher Bedeutung längst übertreffen. Es wäre
falsch, von den Städtchen hinter den

Stränden ursprüngliches korsisches
Flair zu erwarten. Sie sind um die
Durchgangsstraße konzentriert und
bieten den Reisenden, die es sich an
den langen Stränden auf Campingplätzen oder pauschal gebucht in
Ferienresidenzen und FKK-Clubs
gutgehen lassen, gute Einkaufsmöglichkeiten, zahlreiche Restaurants und
ein breites sportliches Angebot. Ein
Sandstrand reiht sich an den anderen.
Alle paar Kilometer entlang der

N 198 führen Stichstraßen in Richtung Meer. Vor allem Familien kommen gern an die geschützte Ostseite der Insel, wo das Meer ruhig ist und ideal zum Schwimmenlernen.

Die Ausgrabungen bei Aléria legen das römische Handelszentrum Alalia frei

ALÉRIA

[127 F1] **Der Ort (2000 Ew.) auf einem Plateau am Tavignano ist seit der Jungsteinzeit besiedelt. Im 6. Jh. v.Chr. errichteten phokäische Griechen hier den großen Handelsstützpunkt Alalia.** Im 3. Jh. eroberten Römer die Stadt. Sie machten Alalia zum Ausgangspunkt für die Unterwerfung der gesamten Insel. Ein Unterfangen, das fast hundert Jahre dauerte und die Hälfte der Bevölkerung das Leben kostete. Später wurde Alalia Hauptstadt der römi-

schen Provinz Corsica. Mit dem Niedergang des Reiches verfiel auch die Siedlung. Heute ist Aléria ein Dorf, überragt vom *Fort de Matra*. Der kleine Ort *Caterraggio*, am nördlichen Ufer des Tavignano, ist mittlerweile zum eigentlichen Zentrum geworden. Hier liegen die meisten Geschäfte und auch das Office de Tourisme.

■ SEHENSWERTES

AUSGRABUNGSSTÄTTE

Südwestlich von Aléria liegt die römische Ruinenstadt. Sie ist vom Jérôme-Carcopino-Museum aus zugänglich. Die archäologischen Arbeiten sind noch nicht abgeschlossen. Sie können aber trotzdem zwischen den Mauern herumspazieren und die Grundstruktur der Stadt erkennen.

JÉRÔME-CARCOPINO-MUSEUM

Eine umfassende Sammlung von Gegenständen aus dem römischen Aléria und der Totenstadt der griechischen Siedlung. Das Museum ist im genuesischen *Fort de Matra* untergebracht. *16. Mai–Sept. tgl. 9–12 u. 13–18, Okt.–15. Mai Mo–Sa 9–12 u. 13–17 Uhr | Eintritt 2 Euro*

■ ESSEN & TRINKEN

AUX COQUILLAGES DE DIANE

Meerestiere aus dem *étang*. Von Juni bis September sitzen Sie direkt an der Lagune. *2 km nördl. von Aléria | Tel. 04 95 57 04 55 | €€*

SALON DE THÉ LA TOUR

Kuchen, Eis, im Sommer abends Pizza und Snacks. Die Wirtin ist Deutsche. Das zugehörige Bed & Breakfast und die Studios *(€)* sind sehr beliebt. *12 km nördl. an der Straße zum Meer in Bravone, 300 m vom Strand | Tel./Fax 04 95 38 81 54 | www.latourbravone.com | €*

■ EINKAUFEN ■

FISCHEREIUNTERNEHMEN ÉTANG DE DIANE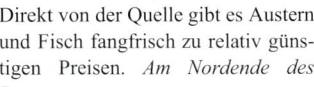

Direkt von der Quelle gibt es Austern und Fisch fangfrisch zu relativ günstigen Preisen. *Am Nordende des Lagunensees*

■ ÜBERNACHTEN ■

LES ORANGERS

Einfaches, aber gutes Hotel in Caterraggio, mit Restaurant. *13 Zi. | Route Plage | Tel. 04 95 57 00 31 | Fax 04 95 57 05 55 | www.hotel-aleria-les orangers.com | €*

■ AUSKUNFT ■

An der N 198 gelegen, nördl. des Flusses | Tel. 04 95 57 01 51 | Fax 04 95 57 03 79 | www.aleria-corse.fr

Weiter nördlich, an der Hauptstraße, ist im Sommer auch ein Infopunkt im Gemeindeamt von *Linguizetta*.

CASINCA

[124 B–C1–2] Zwischen den Flüssen Golo und Fium'Altu liegt das Hügelland Casinca, eines der bevölkerungsreichsten Ge- biete Korsikas. Wasserreichtum und fruchtbarer Boden werden zum Anbau von Wein, Obst und Getreide genutzt. Die Hänge sind mit zahlreichen Oliven- und Kastanienbäumen bedeckt und werden von alters her kultiviert.

Im „Aux Coquillages de Diane" serviert man Muscheln aus der Lagune

■ ZIELE IN DER CASINCA ■

LORETO-DI-CASINCA ❋ **[124 B2]** *Insider Tipp*

Hoch am Hang des Monte Sant'Angelu (1218 m) liegt das 250-Seelen-Dorf. Sehenswert sind das Waschhaus mit köstlichen Quellwasser, der platanenbestandene Dorfplatz und die Treppengassen. Am tollsten aber ist der Ausblick über Ebene und Meer. Auch das wenige Kilometer entfernte

MARCO POLO HIGHLIGHTS

★ **Fischereiunternehmen**
Étang de Diane
Köstlichkeiten aus der Muschelzucht
(Seite 71)

★ **Monte San Petrone**
Korsika von oben betrachten (Seite 74)

★ **Hochtal des Fium'Orbu**
Bizarre Felsschlucht in wilder
Bergeinsamkeit (Seite 77)

★ **Badebecken**
Paradiesisch klares Wasser im Fluss
Solenzara (Seite 79)

Dörfchen *Penta-di-Casinca* lohnt einen Abstecher.

Insider Tipp **VESCOVATO** [124 B2]
Schon auf einer kleinen Fahrt über die D 237 bekommen Sie einen Einblick in die schöne Kulturlandschaft. Vescovato (2330 Ew.) ist der Hauptort der Casinca, ein traditionelles nordkorsisches Festungsdorf mit engen Treppengassen um den Dorfplatz mit Adlerbrunnen, der den Kindern auch als Schulhof dient. *Venzolasca* (3 km entfernt) liegt wunderhübsch auf einem Bergsporn über der Ebene.

ESSEN & TRINKEN

U CAMPANILE [124 B2]
Exzellente korsische Gerichte. Toller Blick. Das Restaurant liegt neben dem Glockenturm der Kirche von Loreto-di-Casinca. *Mitte Juni–Mitte Sept. | Tel. 04 95 36 31 19 | €€*

>LOW BUDGET

- Lassen Sie am *Etang d'Urbino* die Seele baumeln. Wenn Sie eine so günstige wie köstliche Fisch- oder Austernmahlzeit in der schwimmenden *Ferme d'Urbino (Menü 11–23 Euro | an der Route de l'Etang (N 198) | Tel. 04 95 57 30 89)* einnehmen, ist das Glück perfekt.
- Beim Boulespiel mit Korsen ins Gespräch kommen und gemeinsam fachsimpeln (notfalls mit Gesten!) kostet Sie nur die Ausrüstung. Rechnen Sie für ein Boulespiel mit sechs Kugeln und Schweinchen *(cochonnet)* etwa 20 Euro im Supermarkt. Wenn Sie allerdings um den Aperitif spielen, könnte es teuer werden ...

CASTAGNICCIA

[124 B–C2–4] **Einst die am dichtesten besiedelte Region der Insel, ist die Castagniccia von Straßen und Sträßchen durchzogen wie kein zweites Gebiet.** Ihren Namen verdankt sie den Kastanienbäumen, die sich hier als lichter Wald über Höhen und Täler ziehen. Die Stämme erreichen bis zu 20 m Höhe und sind so dick, dass sie wie Urwaldbäume wirken. Die Genuesen ließen die heimischen Eichen durch Kastanien ersetzen, damit sie die Korsen ernährten, die wegen der hohen Abgaben an Hunger litten. Bis zu 20 verschiedene mit Kastanienmehl bereitete Speisen gehören zu einem ordentlichen Hochzeitsmahl in der Castagniccia. Und auch das Fleisch ist maronengesättigt, denn die Haus- und Wildschweine ernähren sich weitgehend davon. Nur vereinzelt werden die Kastanienhaine noch rekultiviert, man sieht viele abgestorbene Äste. Durch die Entvölkerung der Gegend im 20. Jh. gibt es nicht mehr genug Männer für die Baumpflege. Wenn Sie im Frühsommer reisen, verpassen Sie keinesfalls die Kastanienblüte (Insider Tipp): Im Juni überzieht ein helles Gelb die Hänge, die Blütenstände haben die Form sprühender Wunderkerzen!

ZIELE IN DER CASTAGNICCIA

CERVIONE [124 C4]
Der geschichtsträchtige Ort (1600 Ew.), einstiger Bischofssitz und einmal sogar Hauptstadt der Insel, ist der Hauptort der Castagniccia. *St-Erasme* von 1589 ist die älteste Barockkirche Korsikas. Am Platz vor der Kirche

liegt die Residenz *Loghja Re Theodor*, von der aus der westfälische Baron Theodor von Neuhoff, der im Kloster Couvent d'Alesani zum König gekrönt wurde, 1736 regierte – und schon nach neun Monaten wieder abdanken musste. Im *Musée ethnographique* Ausstellung zu Geschichte, Handwerk und religiöser Kunst

tenmarkt gegenüber der Auberge des Deux-Vallées genießen.

CARCHETO [124 B4]

In Carcheto (24 Ew.) lebte Anfang des 20. Jhs. der berüchtigte Bandit François-Marie Castelli. Sehenswert ist die naive Malerei in der *Pfarrkirche* von ca. 1790 (Kreuzweg und

Weißer Nebel steigt aus den dichten, sattgrünen Kastanienwäldern der Castagniccia

(15. Juni–15. Sept. Mo–Sa 9–12 u. 14–19 Uhr | im Sträßchen rechts der Kathedrale | Eintritt 3 Euro). Wenige Kilometer landeinwärts von Cervione lohnt ein Abstecher zum *Couvent d'Alesani*, Zentrum des korsischen Widerstands im 18. Jh., mit der prächtig renovierten Klosterkirche (D 217). Am ☼ *Col d'Arcarotta* (D 71) kann man im Juli und August sonntags von 10 bis 18 Uhr den kleinen *Spezialitä-*

Grablegung Jesu). In der Umgebung wird der grüne Stein *Vert d'Orezza* abgebaut, den es nirgendwo sonst auf der Welt gibt und der zu schönen Schmuckstücken und Mosaiken verarbeitet wird.

PIEDICROCE [124 B3]

Auf einem Bergsporn im Kastanienwald liegt der einzige Ort weit und breit, der ein Hotel besitzt. Überraschend ist der üppige Goldschmuck im Inneren der Kirche *Saint-Pierre et Saint-Paul*. Vom Ort ist es nicht sehr weit zu den Ruinen des *Couvent d'Orezza*, das im 18. Jh. Wiege politi-

Brunnen an der Quelle des natriumarmen Mineralwassers *Eaux d'Orezza*

scher Erneuerung war. Die D 506/ D 46 führt hinunter zu der Mineralwasserquelle *Eaux d'Orezza (www. orezza.fr)*, die mit natürlichem Kohlensäuregehalt aus 6000 m Tiefe heraufsprudelt. Das Dörfchen *Campana* (D 71) besticht durch hübsche Treppengassen. Die Orte der Gegend sind auch durch Fußwege miteinander verbunden.

LA PORTA   [124 B3]

Am berühmtesten ist die Kirche des Ortes, die Barockkirche *St-Jean-Baptiste*. Ihr Turm steht frei neben dem Gotteshaus. Schön ist auch die Lage des Ortes im Tal. Im Dorf kann man angenehm spazieren gehen.

MONTE SAN PETRONE ★   [124 A3]

Mit 1767 m der höchste Berg des Nordostens. Durch schattige Buchenwälder führt der Weg (hin und zurück 5 Stunden) zum leicht zugänglichen Felsgipfel hinauf. Ausgangspunkt für die Besteigung ist der *Col de Prato* (985 m).

MOROSAGLIA   [124 A3]

Der Geburtsort Pasquale Paolis, des Freiheitskämpfers und „Vaters der Nation". Sein Geburtshaus ist ein Museum, in der romanischen Kirche *Santa Reparata* wurde er getauft. Im *Maison natale de Pasquale Paoli (östl. Ortseingang | im Sommer tgl. 9–12 u. 14.30–19 Uhr; im Winter 9–12 u. 13–17 Uhr | Eintritt 2 Euro)* sehen Sie, wie das Bildungsbürgertum Korsikas im 18. Jh. lebte, in einer Kapelle die 1889 heimgeholte Asche Paolis. Morosaglia ist Ausgangspunkt reizvoller Wanderwege.

■ ESSEN & TRINKEN ■

AUBERGE DE DEUX VALLÉES   [124 B4]

Hier werden gute und preiswerte Gerichte serviert. *Am Col d'Arcarotta | Piobetta | Tel. 04 95 35 91 20 | €*

■ EINKAUFEN ■

LANA CORSA   [123 F2]

Die Strickerinneninitiative verkauft Wolle und Strickwaren mit korsischen Motiven. Wer sich für die

Wollverarbeitung interessiert, kann einen kleine Ausstellung betrachten. *Im Sommer Mo–Sa 9–19 Uhr | in Ponte Leccia an der Hauptstraße, folgen Sie den Schildern | www.lana-corsa.com*

■ ÜBERNACHTEN ■

LE REFUGE   [124 B3]
Angenehme Pension mit einem Restaurant, das bei Einheimischen sehr beliebt ist. *20 Zi. | Piedicroce | Tel. 04 95 35 82 65 | Fax 04 95 35 84 42 | www.hotel-corse-le-refuge.com | €*

■ AUSKUNFT ■

Kleines Syndicat d'Initiative in *Piedicroce, Tel. 04 95 33 38 21*, größeres Büro in *Folleli*, in der Ebene, *Tel. 04 95 35 82 54 | www.castagniccia.fr*

GHISONACCIA

[127 E2] **Der kleine, nicht direkt am Meer liegende Ort (3430 Ew.) bietet in erster Linie Infrastruktur.** Und zwar für dazugehörenden Feriendörfer und Campingplätze in Meeresnähe, an den endlosen Sandstränden der östlichen Küste. Es gibt Supermärkte, Banka-utomaten, Bäckereien und Läden, die *produits corses* anbieten. Ghisonaccia ist auch Ausgangspunkt des Fernwanderweges „Da Mare à Mare Centre" nach Ajaccio.

■ ESSEN & TRINKEN ■

A CASA MARIA CICILIA 🔊
Restaurant und Hotel (18 Zi. | €€), herzliche Atmosphäre und mediterrane Küche. *An der Straße nach Ghisoni | Tel. 04 95 56 00 41 | Fax 04 95 33 60 16 | www.casamariacicilia.com | €– €€*

RIB'ALTA
Restaurant-Pub mit einfacher Küche und nettem Ambiente, gelegentlich Musikabende am Wochenende. *Route de la Mer | Tel. 04 95 31 54 75 | €– €€*

■ EINKAUFEN ■

Jeden Freitagabend im Juli und August können Sie beim *shopping de nuit* bis Mitternacht in allen Geschäften des Ortes einkaufen. Die Straßen werden zu Fußgängerzonen, Musikgruppen treten auf, diverse Animationen versüßen Ihnen das Schmelzen des Urlaubsbudgets. Ein Zubringer-

> FISCHZUCHT

Einheimischer Fisch deckt den Bedarf fast zur Gänze

Seit 1974 besteht auf Korsika ein Projekt zur Nutzung der hervorragenden Wasserqualität entlang den Küsten der Insel. Bis dahin war man zur Versorgung des Marktes mit Fisch, vor allem in der Hauptsaison, fast ausschließlich vom Import abhängig. Heute werden in den Lagunenseen *(étangs)* von Biguglia, Urbino und Diana an der Ostküste so viele Muscheln und Austern gezüchtet, im Meer und in den Lagunen so viele Speisefische in Käfigen gehalten und aufgezogen, dass die Korsen hoffen, sich von internationalen Preisschwankungen unabhängig machen und außerhalb der Tourismussaison sogar Fische aufs Festland exportieren zu können.

bus fährt sogar alle Feriendörfer am Strand an.

■ ÜBERNACHTEN ■

HÔTEL FRANCESCHINI 📶
Gepflegtes Hotel, ganzjährig offen. *10 Zi. | Avenue du 9 Septembre | Tel. 04 95 56 06 39 | Fax 04 95 56 05 32 | www.hotelfranceschini.com | €€*

chisa.fr | Eintritt 15 Euro, Leihausrüstung 10 Euro

■ AM ABEND ■

BAR-CABARET A SUARA
Mal korsischer Gesang mit Gitarrenbegleitung, mal Musik zum Tanzen, immer was zu trinken. *Ab 23 Uhr | Route de la Mer*

Malerisch zu Füßen des Bergmassivs Christe-Eleïson et Kyrie-Eleïson liegt Ghisoni

■ FREIZEIT & SPORT ■

Insider Tipp

KLETTERSTEIG U CALANCONI [127 D3]
Via Ferrata nennt sich dieser Kraxelspaß auf Französisch. An Seilen gesichert, über Leitern, „Affenbrücken", Stiegen und Kabelrutschen geht es 4 Stunden durch die Bergwelt. *Juni–Sept. 9–18 Uhr, letzter Start 14.30 Uhr | von Travo über die D 645 nach Chisa | www.viaferrata*

LE PASQUALE PAOLI
In diesem Restaurant wird ganzjährig hausgemachtes Bier der Brauerei „A Tribbiera" ausgeschenkt: Apa (hell mit Honigaroma), Mora (dunkel), Prima (fruchtig) und Embria (Dreikorn). Auch Außer-Haus-Verkauf. Freitagabends wechselnde Musik. *Di–Sa 10–2, So 17–2 Uhr | Casamozza | südlich an der N 198*

■ AUSKUNFT ■

Route de Ghisoni (N 198) | *Tel. 04 95 56 12 38* | *Fax 04 95 56 19 86* | *www.corsica-costaserena.com*

■ ZIELE IN DER UMGEBUNG ■

FIUM'ORBU   [127 D–E2]

Unbedingt lohnenswert ist ein Abstecher nach *Ghisoni* [126 C1], 25 km auf der D 344 nach Nordwesten, nicht wegen des Dorfes selbst, auch nicht wegen des ziemlich monotonen Unterlaufs des *Fium'Orbu*, sondern um die höher gelegene Schlucht *Défilé des Strette et de l'Inzecca* und das großartige ★ Hochtal des *Fium'Orbu* zu bestaunen.

Besonders beeindruckend ist das Bergmassiv von *Christe-Eleïson et Kyrie-Eleïson*. Die Wege dort hinauf sind zumeist dem wilden Wuchs der Macchia zum Opfer gefallen. Wer wandern will, fährt am besten noch bis zum Fuß des *Monte Renosu* [126 C2] weiter: 6 km südlich von Ghisoni zweigt die D 169 von der D 69 ab und führt durch einen schönen alten Wald hinauf zu der Schäferei von *Capannelle* (1640 m, 30 Minuten von Ghisoni). Hier beginnt ein mit Steinhäufchen gekennzeichneter Weg, auf dem Geübte in einer Stunde die Quelle des Pizzolo erreichen. In einer weiteren Stunde gelangt man an den leuchtend blauen *Bastani-See* (2089 m).

Zum Essen ist eine Einkehr in der *Auberge de l'Inzecca* [127 D1] sehr empfehlenswert. Hier gibt es korsische Küche und großzügige Portionen in herrlicher Natur *(17 km von Ghisonaccia an der D 344* | *Tel. 04 95 56 62 62* | *€€)*. Auf der Rückfahrt können Sie noch die hübschen Dörfer des *Fium'Orbu* besichtigen, so den Hauptort *Prunelli-di-Fium' Orbu* [127 D2] mit einer romanischen Kirche aus dem 7. Jh. Biegen Sie dazu unterhalb des Stausees rechterhand auf die D 44 ab, einer schönen ☀ **Balkonstraße** mit Aussichtspunkten. *Insider Tipp*

STRAND   [127 E3]

Ab Ghisonaccia sind es über die Route de la Mer ca. 5 km bis zum Strand *Pinia* mit sehr feinem Sand.

MORIANI-PLAGE

[124 C3] Ursprünglich das Hafenörtchen zum nahe gelegenen San Nicolao, wird Moriani-Plage auch bisweilen mit den Namen *San Nicolao-Plage* oder *Padulella* bezeichnet. Als einer der wenigen Orte an der Hauptroute der Ostküste, der direkt am Wasser liegt, hat er mit dem Tourismus an Bedeutung gewonnen, ohne jedoch zu mehr als einem Geschäftszentrum zu werden. Den eigentlichen Reiz der Gegend bieten das Hinterland, die Feriendörfer und die feinsandigen Strände.

■ EINKAUFEN ■

LE MOULIN DE PRUNETE

In der Mühle werden hochwertige, prämierte Öle (um 12 Euro für 0,75 l) aus der eigenen Olivenernte hergestellt. *Mo–Sa 9–12 u. 15–19 Uhr* | *an der N 198 in Prunete, 10 km von Moriani-Plage*

■ ÜBERNACHTEN ■

COSTA VERDE ⌕

Hotel in Moriani-Plage mit einfachen und auch komfortablen Zimmern; die besseren liegen im neueren Anbau. *15 Zi.* | *Tel. 04 95 38 50 41* | *Fax*

04 95 38 56 06 | www.hotel-costaverde.fr | €–€€

LEVOLLE MARINE
Hotel mit 18 Zimmern in Traumlage direkt am Strand. Die Besitzer verstehen es, eine freundlich-familiäre Atmosphäre zu schaffen. Sauna- und Jacuzzinutzung, Strandliege und Schirm sind inklusive. *Poggio-Mezzana-Plage | Tel. 04 95 58 41 50 | Fax 04 95 58 41 64 | www.levollemarine.com* | €€

FREIZEIT & SPORT

Ob Surfboards, Kanus oder Wasserski – am Strand kann man so gut wie jedes Wassersportgerät leihen.

AUSKUNFT

Ortsmitte an der N 198 | Tel. 04 95 38 41 73 | Fax 04 95 32 41 78 | www.costaverde-corsica.com

ZIELE IN DER UMGEBUNG

CORNICHE DE LA CASTAGNICCIA [124 C3]
Die Höhenstraße Corniche de la Castagniccia eröffnet fantastische Blicke über die Ebene und das Meer. Sie führt von Moriani-Plage über San Nicolao in die Berge, über die Balkonstraße D 330 nach Cervione und wieder hinunter an die Küste (23 km). In *Cervione* kann man auf die D 71 schwenken und die große Tour durch die Castagniccia bis nach *Ponte Leccia* (75 km) mit Rückweg über die N 193/N 198 (52 km) machen.

PLAGE D'ALISTRO [124 C4]
Am Turm von Alistro (14 km südlich) liegt dieser hübsche, verhältnismäßig unbevölkerte lange Strand zum Spazierengehen und Baden – am schönsten in Richtung Norden.

SOLENZARA

[127 E4] **Am südlichen Ende der *Plaine Orientale*, der östlichen Tiefebene Korsikas, liegt das betriebsame Seebad (1200 Ew.).** Es hat ein besonders nahes, herrliches Hinterland (s. „Ausflüge & Touren“, Tour 1). Nach einer halben Stunde Fahrt ist man mitten in der Bergwelt. Der Bootshafen und die schönen Strände in der Umgebung machen Solenzara zu einem beliebten Ferienort. Der Ort selbst hat recht wenig Flair, besitzt aber praktische Einkaufsmöglichkeiten, ein Postamt, Banken und diverse Sporteinrichtungen.

ESSEN & TRINKEN

A MANDRIA DE SÉBASTIEN
Eine alte Schäferei, die zu einem sympathischen Restaurant mit sorgfältig zubereiteten Gerichten der regionalen Küche umgewandelt wurde. Im Hochsommer reservieren und Zeit mitbringen! *An der N 198 in Richtung Norden, ca. 1 km vom Zentrum links hinter der Brücke | Tel. 04 95 57 41 95* | €€

A PINZUTELLA
Auf einem Bauernhof gelegen, bietet das Restaurant Fleischgerichte von Kalb, Rind und Zicklein aus eigener Zucht. Alle Speisen sind köstlich zubereitet. Von der Restaurantterrasse haben Sie einen exquisiten Blick auf das Bavella-Massiv. *5 km von Solenzara über die Route de Bavella, abseits der Straße | Tel. 04 95 57 41 18* | €€

■ ÜBERNACHTEN ■

LA SOLENZARA 🔊

Gepflegtes, gemütliches Hotel aus dem 18. Jh. mit separatem Neubau. Swimmingpool mit Meeresblick. *28 Zi. | Rue principale | Tel. 04 95 57 42 18 | Fax 04 95 57 46 84 | www.hotel-lasolenzara.com | €€*

■ FREIZEIT & SPORT ■

SUBAQUATIQUE CLUB PLONGÉE

Tauchklub am Hafen, der neben Kursen auch Ausflüge anbietet. *Tel. 04 95 57 44 19 | www.sccn-solenzara. org*

ODYSSEA SOLENZARA ▶▶

Anfang Mai findet im *Port des Plaisance* die französische Jet-Ski-Meisterschaft statt. Gleichzeitig werden die korsisch-sardischen „Wein- und Gastronomietage" veranstaltet.

■ AUSKUNFT ■

An der N 198 | Tel. 04 95 57 43 75 | Fax 04 95 57 43 59 | www.cotedes nacres.com

■ ZIELE IN DER UMGEBUNG ■

BADEBECKEN ⭐   [127 E4]

Biegen Sie an der Brücke nördlich von Solenzara ins Landesinnere ab. Schon nach wenigen Kilometern erreichen Sie wunderbare Badebecken im Solenzara-Fluss. Einige davon sind durch eine Straßenverbreiterung nicht mehr so gut von der Straße abgeschirmt.

STRÄNDE   [127 E4–5]

Nördlich von Solenzara liegt der lange Strand von *Scaffa Rossa*. Die N 198 nach Süden führt in die Sandbuchten von *Cannella* (6 km), *Favone* (8 km) und *Tarcu* (12 km).

La Solenzara: ein Hotel mit prächtigen Pflanzen im Garten und großem Pool zum Planschen

> SAND, FELSEN, SONNE UND MEHR

Fantastische Strände, die fotogenste Stadt der Insel und ein historisch bewegtes Hinterland

> Der Süden der Insel, bedient vom Flughafen Figari, ist in erster Linie Ziel von Individualreisenden. Viele kommen Jahr um Jahr wieder, um die Vielfalt der kleinen Buchten und immer neue Gegenden des Binnenlands zu erkunden.

Man reist mit dem eigenen Auto an oder mietet gleich am Flughafen einen Wagen, denn ohne fahrbaren Untersatz ist die Fortbewegung in dieser Region ohne öffentlichen Nahverkehr schwierig.

Bild: Filitosa

ALTA ROCCA
[126 B–C4–6, 128–129 C–D1–2] Das Alta Rocca ist benannt nach der Adelsfamilie, die einst von der Gegend um Olmeto aus das gesamte südliche Bergland beherrschte. Es umfasst Gipfel und Täler, Wälder und Flüsse, Steinzeitsiedlungen, stille und von Leben erfüllte Dörfer und Städtchen. Ein orange markiertes Wegenetz verbindet die Orte, allerdings sind gelegentlich die

DER SÜDEN

weniger benutzten Wege von der Macchia überwachsen. Achtung: Die einzige Tankstelle liegt in Levie, in Aullène gibt es eine Zapfsäule am Dorfladen, an der es meist nur Diesel gibt, und auch nur dann, wenn die alte Besitzerin den Laden öffnet.

■ ZIELE IM ALTA ROCCA

AULLÈNE ☀ [126 B5]
Steinernes Dorf (180 Ew.) auf 850 m mit altehrwürdigen Häusern, einer

Kirche aus dem 17. Jh. und einem einmaligen Bergpanorama ringsum. Am schönsten: nach einer Wanderung durch die bewaldeten Höhen eine Ruhepause auf der Terrasse des Hôtel de la Poste.

COL DE BAVELLA ★ [127 D5]
1218 m hoch und der schönste Pass der Insel, ist der Col de Bavella entsprechend frequentiert. Doch schon wenige Meter vom Parkplatz

ALTA ROCCA

Ste-Lucie-de-Tallano: gut zu erkennen, dass dieses Dorf auch eine Verteidigungsanlage war

entfernt beginnt eine hinreißende einsame Bergwelt. Hier verläuft auch der GR 20. Tageswanderungen zu den ☼ Gipfeln in der Umgebung sind möglich. Besonders schön, nicht überlaufen und nicht so schwierig ist die *Punta Velacu* südlich des Passes.

LEVIE   [126 C6]

Das große Bergdorf (760 Ew.) ist der Hauptort der Region Alta Rocca und vor allem von urgeschichtlicher Bedeutung. Im *Musée Départemental de Levie* findet sich das Skelett der 8600 Jahre alten „Dame von Bonifacio", das älteste datierbare Zeugnis der Inselbesiedlung, gefunden in der Höhle Araguina-Sennola *(Quartier Pratu, an der Straße nach Carbini | Juni–Sept. tgl. 10–18 Uhr, Okt.–Mai Di–Sa 10–17 Uhr | Eintritt 4 Euro).*

Ein paar Kilometer nördlich von Levie liegen die Steinzeitsiedlungen *Cucuruzzu* und *Capula* (ausgeschildert). Der Rundgang durch den Wald ist *Juni–Sept. 9.30–19, April, Mai, Okt. 9.30–18 Uhr* geöffnet (Kassenschluss jew. 2 Std. vorher). Im Eintritt

von 5,50 Euro sind Erklärungen auf Deutsch per Kopfhörer inbegriffen.

L'OSPEDALE ☼   [129 D1–2]

Hoch am Berg wirkt das kleine Dorf vor allem durch die überwältigende Aussicht. Im gleichnamigen Wald hinter dem Ort sind schöne Spaziergänge möglich, zum Beispiel an den Wasserfall *Piscia de Gallo*. Die Wanderung dorthin beginnt am Parkplatz mit Imbiss und lohnt sich vor allem von April bis Juni, wenn der Wasserfall noch reichlich Wasser führt.

QUENZA   [126 C5]

Das graue Granitdorf (240 Ew.) mit den gemütlichen Cafés an der Hauptstraße ist ein Zentrum des Wandersports. Besonders schön: die noch wenig überlaufene *Hochebene von Coscione*. Zum Baden: die zauberhaften ==Becken des Flusses Criviscia== zwischen Quenza und Zonza. **Inside Tip**

STE-LUCIE-DE-TALLANO   [126 B6]

Ein sehenswertes Dorf (370 Ew.) um einen Platz mit Trinkwasserbrunnen.

DER SÜDEN

Rocca ist Zonza der touristische Hauptort (2200 Ew.) der Region. Reges Hotel-, Café-, Restaurantleben. Der ausgedehnte Wald reicht bis hinauf zu den Bavella-Spitzen. Ausgangspunkt für Wanderungen und Kletterpartien in alle Richtungen.

■ ESSEN & TRINKEN ■

L'AIGLON 📶   [126 C5]

Hier genießen Sie vorzüglich zubereitete, kreative korsische Gerichte. Auch 11 Hotelzimmer *(€– €€)*. *Tel. 04 95 78 67 79 | Fax 04 95 78 63 62 | www.hotel-zonza.com | €€*

A PIGNATA   [126 C6]

Von einer Bauernfamilie geführt, bietet das Restaurant viel Eigenproduktion. Herrlich gelegen, ein bisschen versteckt, aber die Suche lohnt sich! Folgen Sie der Ausschilderung nach Cucuruzzu und biegen sie kurz vorher linkerhand zur eine Piste ab. 10 hübsche Gästezimmer mit Pool *(€€)*. Reitausflüge im Hochsommer. Korsisches Feinschmeckermenü für 35 Euro. *Route du Pianu | Levie | Tel. 04 95 78 41 90 | Fax 04 95 78 46 03 | www.apignata.com | €€– €€€*

Berühmt sind die Häuser in der turmartigen, abweisenden Bauform *torra* aus Belagerungszeiten und die alte Ölmühle *(Mai–Okt. tgl. 10–12 u. 15–18 Uhr)*. In den Geschäften gibt es erlesene Nuss- und Olivenöle zu kaufen. Der in der Nähe gefundene Kugeldiorit, ein harter, dunkler Stein, wurde u.a. zum Bau der Medici-Kapelle in Florenz verwendet.

ZONZA   [126 C5]

Dank der schönen Lage am Treffpunkt aller Strecken durch das Alta

MARCO POLO HIGHLIGHTS

⭐ **Col de Bavella**
Eine einzigartige Bergwelt erhebt sich über der Südostküste (Seite 81)

⭐ **Bonifacio**
Bummeln durch die Gässchen der Oberstadt (Seite 84)

⭐ **Capu di Roccapina**
Der fantastische Strand wird von einem steinernen Löwen bewacht (Seite 88)

⭐ **Filitosa**
Die größte Steinzeitsiedlung der Insel, mit eindrucksvollem Museum (Seite 91)

⭐ **Campomoro**
Einzigartige Landspitze mit Turm, Ausstellung und Spazierwegen (Seite 91)

⭐ **Sartène**
Von der Vendetta geprägt, die „düsterste" der korsischen Städte (Seite 92)

Spektakuläre Lage: Bonifacio ist bis an die Abbruchkante der Kalkklippen gebaut

■ ÜBERNACHTEN ■

HÔTEL DE LA POSTE ❉ [126 B5]
Alteingesessenes Haus mit schlichtem Komfort (WC auf dem Flur). Der Wirt gibt gerne Tipps zur Erkundung der Gegend. *20 Zi. | Aullène | Tel./Fax 04 95 78 61 21 | www.hotel-de-la-poste-aullene.com | €€*

SOLE I MONTI ❉ 🌊 [126 C5]
Schönes Hotel mit Garten und Restaurant. *20 Zi. | Quenza | Tel. 04 95 78 62 53 | Fax 04 95 78 63 88 | www.solemonti.com | €€*

■ FREIZEIT & SPORT ■

A MONTAGNOLA [126 C5]
Gruppenwanderungen, auch für Familien. *An der D 240 | Quenza | Tel. 04 95 78 65 19 | Fax 04 95 78 73 02 | www.a-montagnola.com*

CORSE ODYSSÉE [126 C5]
Organisierte Wanderungen und Canyoning. *In der Gîte d'Etape von Quenza | Tel. 04 95 78 64 05 | Fax 04 95 78 61 91 | www.gite-corse-odyssee.com*

■ AUSKUNFT ■

In der Dorfmitte von Zonza | Tel. 04 95 78 56 33 | Fax 04 95 78 56 36 | www.zonza-saintelucie.com

BONIFACIO

KARTE IN DER HINTEREN UMSCHLAGKLAPPE

[129 D5] ★ Durch 60 m hohe Felswände und eine schmale Einfahrt vor Feinden und Winden geschützt, liegen die Boote im Hafen von Bonifacio (2900 Ew.). Hinter dem Kai recken sich die Mauern der Festung empor. Sie schützen die alte

Stadt zur Landseite hin. Richtung Meer ist sie so nahe an den Rand der ausgewaschenen Klippen gebaut, dass es stellenweise so wirkt, als könnte der nächste Sturm Felsen und Häuser in die Tiefe schleudern.

Ein Bummel durch die Gassen der ✻ Oberstadt mit den schicken, kleinen Geschäften ist trotz der Überfüllung durch die zahlreichen Besucher im Sommer ein Erlebnis, nicht zuletzt wegen der sich allerorts auftuenden Aussicht.

Links des Hafens am Eingang zur Stadt liegt ein großer Parkplatz. Versuchen Sie nicht, am Straßenrand einen Gratis-Parkplatz zu erhaschen. Sie verlieren nur kostbare Besichtigungszeit! Ein weiterer Parkplatz liegt etwas außerhalb: Gratis-Shuttle in den Ort. Vom Hafenkai an der Kirche St-Erasme steigen Sie die Treppenstraße hinauf zum ✻ *Col St-Roch*.

Der Abstieg an dieser Stelle zum Strand *Sutta Rocca* ist lohnenswert, und zwar wegen der ✻ Sicht hinauf zu den Felsüberhängen. Wer will, geht vom kleinen Strand auf eigene Gefahr links weiter über kleine Felsen am Ufer, um die fantastischen Formen der Kalkfelsen von unten zu betrachten.

Um in die Zitadelle zu gelangen, gehen sie vom Col St. Roch weiter treppauf durch das massive *Genuesen-Tor*, einst der einzige Zugang zur Stadt. Am Marktplatz befindet sich der ✻ Aussichtspunkt *La Manichella*. Von hier tauchen Sie in die Welt der mittelalterlichen Gassen Bonifacios ein. Pittoresk sind die engen, fast eleganten Sträßchen um die *Place Ste-Marie-Majeure*.

■ **SEHENSWERTES** ■

BASTION L'ÉTENDARD

An der *Porte de Gênes*, einst einziger Eingang der Oberstadt. Im Museum Szenen der Stadtgeschichte. *Mai bis Okt. tgl. 9–18 Uhr (Juli/Aug. bis 20 Uhr) | Eintritt 2,50 Euro*

BOSCO ✻

Tolle Ausblicke haben Sie von der Landspitze Bosco mit dem Kloster *St-François* und der Treppe hinab zum *Gouvernail de la Corse*. *Treppe tgl. Juli/Aug. 9–20, Juni/Sept. 10–18 Uhr | 2,50 Euro*

CIMETIÈRE MARIN

Der Friedhof der Seeleute mit seinen haushohen Grabstätten liegt außerhalb an der Spitze der Halbinsel.

ESCALIER DU ROI D'ARAGON

Angeblich wurde die Treppe 1420 in einer Nacht in den Fels geschlagen. 187 Stufen führen zu einem kleinen Fußweg unter den Klippen. *Nur bei gutem Wetter im Sommer, tgl. 9–18 Uhr (Juli/Aug. bis 20 Uhr) | 2,50 Euro*

ST-DOMINIQUE

Einzige gotische Kirche Korsikas (1243). Sehenswert ist der achteckige Glockenturm.

STE-MARIE-MAJEURE

Die Kirche am Markt wurde im 12. Jh. von den Pisanern erbaut, danach mehrmals umgebaut. Der Glockenturm stammt aus dem 14. Jh.

■ **ESSEN & TRINKEN** ■

RESTAURANT DU CENTRE NAUTIQUE ✻ Insider Tipp

Die Einrichtung ist von maritimer Eleganz, die Menüzusammenstellungen sind erlesen, der Schwerpunkt der Karte liegt bei Fisch und Meeresfrüchten. Mit Blick auf die Zitadelle und den Hafen. *Quai Nord | Tel. 04 95 73 02 11 | €€€*

STELLA D'ORO (CHEZ JULES)
Restaurant in bester Lage im Ortszentrum mit Spezialitäten von Land

LA MAISON DU LIÈGE
Erstaunlich, was für Dinge man aus Kork herstellen kann. *97 Quai J. Comparetti*

■ ÜBERNACHTEN
LA CARAVELLE
Das empfehlenswerteste Hotel in der Unterstadt mit schönem Blick aus

Kaum auszumachen ist die klösterliche Einsiedelei Ermitage de la Trinité zwischen den Felsen

und Meer. Unbedingt reservieren! *7 rue Doria | Tel. 04 95 73 03 63 | www.bonifacio.com/stella.oro | €€*

■ EINKAUFEN
LA BOUTIQUE DU CORAILLEUR
Der Laden eines autorisierten Korallenfischers. Erlesene Stücke und fachkundige Beratung. *3 place Montepagano | www.corailrouge.com*

dem ✿ Restaurant. *28 Zi. | 35 quai J. Comparetti | Tel. 04 95 73 00 03 | Fax 04 95 73 00 41 | www.hotel-caravelle-corse.com | €€€*

DES ÉTRANGERS
Empfehlens- und preiswerte, gut geführte Unterkunft an der Einfahrt nach Bonifacio. *30 Zi. | Avenue Sylvère Bohn | Tel. 04 95 73 01 09 | Fax*

04 95 73 16 97 | *http://hoteldesetrangers.fr* | €

LE ROY D'ARAGON 🔊

Gut geführtes Hotel mit 31 Zimmern, zentral gelegen. *13 quai J. Comparetti* | *Tel. 04 95 73 03 99* | *Fax 04 95 73 07 94* | *http://royaragon.corsesud.org* | €€

■ FREIZEIT & SPORT ■
CORSICA KITEBOARDING

Rasanter Spaß mit Brett und Gleitschirm – in den Buchten von *Ventilegne* [128 C–D4], *Piantarella* [129 E5], *Sant'Amanza* [129 E4] können Sie es ausprobieren! Die Orte wechseln je nach Windrichtung und -stärke, daher vorher anrufen: *Tel. 06 75 01 50 04* | *www.corsica-kiteboarding.com*

SPERONE GOLF CLUB

Fantastisch gelegener Golfplatz an der Südostspitze der Insel, 18 Löcher. *An der D 58 nach Osten* | *Tel. 04 95 73 17 13* | *www.sperone.com*

■ AM ABEND ■
LE B'52 🔊

Café, Lounge, Tapas- und Sushi-Bar. Vom Frühstück (7 Uhr) bis zum Absacker (2 Uhr) gute Laune. In der Hochsaison jeden Abend DJs live, sonst Sa/So. *35 quai J. Comparetti*

■ AUSKUNFT ■

2 rue Fred Scamaroni (an der Festung) | *Tel. 04 95 73 11 88* | *Fax 04 95 73 14 97* | *www.bonifacio.fr*

■ ZIELE IN DER UMGEBUNG ■
ERMITAGE DE LA TRINITÉ ☀ [129 D4]

Die Ermitage mit herrlicher Aussicht hat man schon in der Antike als heiligen Ort empfunden. Das frühchristliche Kloster nutzten später Franziskaner. Granitblöcke, Olivenbäume und Steineichen bilden die Kulisse für Ihr Picknick. *7 km westl., abseits der N 196 Richtung Sartène*

GROTTENFAHRTEN [129 D5]

Alle Stunde fahren Boote vom Hafen zu den *grottes et falaises*, an den imposanten Klippen entlang in die tiefen, ausgespülten Höhlen. Die *Sdragonato-Grotte* hat ein „Fenster" zum Himmel in der Form der Insel. *Bei gutem Wetter* | *Fahrt um 15 Euro*

LAVEZZI-INSELN [129 E5]

In der Hochsaison fahren mehrmals täglich Boote vom Hafen auf die

>LOW BUDGET

> Ein „Pass Culturel" (manchmal auch „Pass Musées" genannt) ermöglicht für nur 3,50 Euro den Eintritt in drei Kulturstätten von Bonifacio (Einzeltarif 2,50 Euro): die Festung *Bastion de l'Etendard,* die berühmte Treppe *Escalier du Roi d'Aragon* und die Kirche *St-Dominique.* Erhältlich im Syndicat d'Initiative (s. „Auskunft").

> Mitarbeiter des *Parc Marin International des Bouches de Bonifacio* sensibilisieren die Besucher, indem sie einen kostenlosen „Unterwasserspaziergang" *(balade sous-marine)* anbieten. Das Material zum Schnorcheln wird gestellt. Anfänger werden in den Kleingruppen gut betreut. Unbedingt schon einige Tage vorher reservieren, unter *Tel. 06 25 25 03 74* | *Dauer 30–45 Min.* | *Anfahrt per Boot von Bonifacio auf eigene Kosten*

hübschen, unbewohnten *Îles Lavezzi*. Picknick und Badesachen mitnehmen! Wie die ganze Meerenge zwischen Bonifacio und Sardinien sind die Inseln als Teil des *Parc Marin International des Bouches de Bonifacio* geschützt. *www.parcmarin.com*

Baden vor den Lavezzi-Inseln können Sie z.B. im Rahmen eines netten Angebotes: einer ==Geburtstagsfeier auf dem Schiff==. Kleines Frühstück, Aperitif, frisch zubereitete Bouillabaisse, kühle Weine, Badestopp und die launigen Kommentare des Kapitäns gibt's schon für 60 Euro pro Person. Buchen Sie zu mehreren und handeln Sie noch eine eisgekühlte Champagnerflasche fürs Geburtstagskind aus. *In Porto-Vecchio am Hafen | Reservierung: Tel. 04 95 70 33 67 | www. amour-des-iles.com*

ROCHER DU LION/L'UOMO DI CAGNA

Von Bonifacio nach Westen führt die N 196 und wartet mit zwei besonderen Naturerscheinungen auf. Nach ca.

20 km Fahrt ragt nördlich der Straße der weithin sichtbare, 300 t schwere Granit-Wackelstein *L'Uomo di Cagna* [128 C3] aus dem Gebirgskamm (1217 m). Er diente bereits in der Antike als Seezeichen.

Nach weiteren 10 km, kurz bevor die Straße sich gen Norden wendet, liegt ein steinerner Löwe über einer türkisfarbenen Bucht mit herrlichem Strand: der *Rocher du Lion* am ★ *Capu di Roccapina* [128 B3]. Versäumen Sie es nicht, den leichten, schattigen Weg vom Strand aus aufzusteigen, zur „Brust" des Löwen zu gehen und danach weiter zum Genueserturm – ☼ tolle Sicht von der Anhöhe. Rechter Hand der Strand von *Erbaju*, der wegen starker Strömungen nicht empfehlenswert ist. Links eine Landspitze, zu der Wege durch die Macchia hinunterführen.

STRÄNDE   [128–129 C–E4–5]

Am *Leuchtturm von Pertusato* (entlang der Küstenstraße) sind Abstiege

Leuchtend rote Mittagsblumen schmücken den felsigen Strand von Sant'Amanza

auf flache Felsen möglich. In Richtung Sartène liegt nach ca. 8 km der Sandstrand *Plage de Tonnara*. Am schönsten ist die *Plage de Piantarella* (auf der D 58 nach Osten fahren, von der Anlegestelle rechts zur Landspitze laufen, von dort kann man zur vorgelagerten Insel schwimmen). Die D 60 führt zu den hübschen Stränden *Maora* und *Sant'Amanza* (6 km) – Windsurfreviere!

PORTO-VECCHIO

[129 E2] **Mitten in einer dynamisch wachsenden Region liegt Porto-Vecchio, die drittgrößte Stadt Korsikas (11 700 Ew.).** Die Befestigungsanlage entstand 1539. Geschützt in einer tiefen Bucht liegt der Hafen, darüber die kleine Altstadt mit der ansehnlichen *Place de la République* und den vielen Cafés um den großen Baum. Wie die kleinen Gassen voller Läden und Restaurants ist der Platz im Sommer bis tief in die Nacht belebt, allerdings ist er auch ein teures Pflaster. Der schönste Aussichtspunkt liegt an der *Porte Génoise*, von der ein Weg zum Hafen führt. Sie blicken über den von Pinien und Korkeichen gesäumten Golf und die Salinen, in denen Meersalz gewonnen wird.

ESSEN & TRINKEN

LE TAMARICCIU

Eine Adresse für exquisite Küche (nur à la carte) und erlesene Weine in toller Umgebung an der schönsten Seite des Strandes von Palombaggia. *Plage de Palombaggia | Tel. 04 95 70 49 89* | €€€

A CANTINA DI L'ORRIU

Bistrot, vor allem mit korsischen Spezialitäten. *5 cours Napoléon | Tel. 04 95 70 26 21* | €–€€

EINKAUFEN

DOMAINE DE TANELLA [129 D3]

Von Porto-Vecchio lohnt sich ein Abstecher nach *Figari* auf der D 859 für einen edlen Tropfen. Probieren Sie die „Cuvée Alexandra" vom Weingut *Domaine de Tanella:* herausragend unter Korsikas Rotweinen. *Kellereigeschäft am Ortseingang*

ÜBERNACHTEN

CALA ROSSA [129 F2]

Hotel mit einem der besten Restaurants auf Korsika. Mit hauseigenem Strand. *55 Zi. | 10 km nordöstlich (über N 198, D 568, D 468) | Tel. 04 95 71 61 51 | Fax 04 95 71 60 11 | www.hotel-calarossa.com* | €€€

SAN PASQUALE [129 F1]

In einer ländlich-schönen Anlage, nur 15 Minuten vom Strand von Pinarellu entfernt, wohnen Sie für die Region günstig in dörflicher Umgebung. *14 Zi. | Sainte Lucie de Porto-Vecchio | Conca | Tel. 04 95 70 03 74 | Fax 04 95 20 64 46* | €€

AM ABEND

DISCOTHÈQUE VIA NOTTE

Die Diskothek des Südostens, mit ausgesuchten DJs und Livebands. *Ab 23 Uhr bis zum Morgen | Route de Porra | Richtung Punta di a Chiappa | www.vianotte.com*

LA TAVERNE DU ROI

Stilvoll gehobenes Abendvergnügen mit traditioneller und aktueller Livemusik. *Im Sommer tgl. ab 22.30 Uhr, sonst nur am Wochenende | 43 rue Borgo | Porte Génoise | www.latavernaeduroi.com*

■ AUSKUNFT

Place de la République | Tel. 04 95 70 09 58 | Fax 04 95 70 03 72 | www.destination-sudcorse.com

■ ZIELE IN DER UMGEBUNG ■

STRÄNDE [129 E–F1–4]

Von Pinarellu (20 km) bis zur Punta di Rondinara (18 km) erstrecken sich feinsandige Strände vor Schirmpinienhainen. Tiefe Buchten und Dünenstrände mit Seen bieten ideale Bedingungen für Badeurlauber mit Kindern und Surfer. Kleine, vorgelagerte Inseln sind beliebte Ausflugsziele. Ein Traumstrand ist die *Plage de Palombaggia* (10 km). Der abgelegene Strand an der *Baie de Rondinara* ist in der Saison sehr voll, frühmorgens noch perfekt. Das angesagteste Restaurant ist *Le Rouf* am Strand von Pinarellu. Es ist berühmt für Fisch, Pizzas und die Stars unter den Gästen. Abends Livemusik in der Bar *(Tel. 04 95 71 50 48 | €€€).*

Insider Tipp

TORREANERBAUTEN

Zeugnisse der Kultur der Torreaner finden sich an der D 859 bei *Tappa* [129 E3] (Gebäudekomplex, Wohnstätten) und *Ceccia* (Kultstätte), beide ca. 5 km von Porto-Vecchio entfernt. 6 km nördlich liegt nahe der N 198 die Kultstätte *Torre* [129 E2]. Über die D 759/D 359 ist das ✿ *Castellu d'Arraghju* (7 km, [129 E1]) zu erreichen. Die Festung ist eine der besterhaltenen Bauten, umgeben von einer Ringmauer.

PROPRIANO

[128 B1] **Lange Sandstrände sind das Markenzeichen des Golfe de Valinco, der südlichsten Bucht der Westküste.** Tief im Golf liegt das im 19. Jh. gegründete Propriano, mit 3200 Ew. der größte Ort, Hafen für Sartène und einer der meistbesuchten Badeorte Korsikas mit schönen Sandstränden und einer ausgezeichneten Infrastruktur für Touristen.

■ ESSEN & TRINKEN

LE CABANON

Es gibt fangfrischen Fisch und Meeresfrüchte. Kindermenü. *26 avenue Napoléon III | Tel. 04 95 76 07 76 | €€*

TERRA COTTA

Erfinderische Küche mit frischen Produkten, gut präsentiert. Günstiger Mittagstisch, abends Menü und à la carte. *31 avenue Napoléon III | Tel. 04 95 74 23 80 | €€*

■ ÜBERNACHTEN

LE LIDO ☽

Äußerst komfortables kleines Hotel direkt am Meer an der Mole. Schöne Restaurantterrasse. *14 Zi. | Avenue Napoléon | Tel. 04 95 76 06 37 | Fax 04 95 76 31 18 | www.le-lido.com | €€€*

LE LOFT ☽

150 m vom Meer mitten im Zentrum gelegenes Hotel mit 25 Zimmern. Ein Hangar wurde zum Hotel umfunktioniert. Sauber, schlichte, moderne Deko, unschlagbare Preise für die Region. Parkplatz. *10 rue Jean Paul Pandolfi | Tel. 04 95 76 17 48 | Fax 04 95 76 22 04 | €*

Schmal, aber schön – Schatten spenden Schirme und Schirmpinien: Plage de Palombaggia

FREIZEIT & SPORT

Reiten, Segeln, Tauchen, Radfahren, Bootsausflüge, Fliegen – Propriano hat ein breit gefächertes Angebot.

AM ABEND

KING'S

Dieser Club ist nur Do–Sa geöffnet. Los geht's um 23.30 Uhr, und Schluss ist erst im Morgengrauen, wenn die letzten Tänzer müde werden. *6 rue Général de Gaulle*

MIDNIGHT

Von 23 bis 5 Uhr kann man hier in der Innenstadt tanzen. *An der N 196 nach Sartène*

AUSKUNFT

Port de Plaisance | Tel. 04 95 76 01 49 | Fax 04 95 76 00 65 | www.oti-sartena isvalinco.com

ZIELE IN DER UMGEBUNG

FILITOSA ★ [128 A5]

Nüchterne Charaktere wundern sich, warum um ein paar Steine, Felshöhlen und Zyklopenmauerwerk so viel Aufhebens gemacht wird. Für andere ist Filitosa (20 km) ein fast mystischer Ort. In den 40er-Jahren entdeckt, wurde er zur wichtigsten archäologischen Fundstätte der Insel. Anfahrt über die D 57 (s. „Ausflüge & Touren", Tour 2). *Tgl. 8 Uhr bis Sonnenuntergang | Eintritt Fundstätte und Museum 6 Euro | www.filitosa.fr*

GOLF VON VALINCO [128 A–B 1–2]

Schön sind die Ufer des Golfs, die sich an den beiden Landspitzen, der ✿ *Punta de Campomoro* und der ✿ *Punta de Porto-Pollo*, auf nur 7 km annähern. Ein lohnendes Terrain für Taucher und Schnorchler.

Auch die Strände dieser Bucht sind traumhaft, allen voran die *Baie de Cupabia* [125 F6]. Am wenigsten bevölkert ist der riesige Strand von *Portigliolo* [128 B1]. Der kleine, aber feine Strand von *Belvedere-Campomoro* [128 A2] ist dem winzigen Dorf vorgelagert und kann zu einem erfrischenden Bad nach einem unbedingt empfehlenswerten Spaziergang auf dem Uferweg von ★ *Campo-*

moro genutzt werden: Vom Dorf aus durchqueren Sie zu Fuß die Villensiedlung in Richtung des  *Genueserturms*. Im Turm ist eine kleine Dauerausstellung zum Thema der Piraten- und Sarrazenenüberfälle auf Korsika zu sehen *(tgl. | Eintritt 3,50 Euro)*. Genießen Sie das herrliche Panorama, bevor Sie direkt unterhalb des Turms zur Landspitze absteigen.

zweigeteilt in *Santa Anna*, die Liguriern vorbehaltene Altstadt, und *Borgo*, die Neustadt, in der sich von 1583 an Korsen ansiedeln durften. Jahrhundertelang blieb Borgo das Armeleuteviertel. Den Mittelpunkt des Lebens bildet heute die schattige *Place de la Libération* am Schnittpunkt zwischen den beiden Vierteln. Straßencafés und Markt sorgen für lebhaftes Treiben,

Der Wachturm bei Campomoro gehört zu den wenigen auf Korsika, die man besichtigen kann

Umrunden Sie diese gen Süden. Die Einwirkung salziger Gischt hat hier zu kurioser Graniterosion geführt, sodass man zeitweilig wie in einem Skulpturengarten spaziert. Folgen Sie dann der Beschilderung des Küstenwegs in südlicher Richtung. **Insider Tipp** Drei Rundwege (1,5, 3, 7 Std.) sind ausgeschildert.

optisch wird der Platz von zwei großen Bauwerken beherrscht: der Kirche *Ste-Marie* und dem *Gouverneurspalast*, in dem das Rathaus untergebracht ist. Eine Passage unter dem Rathaus führt in den alten Teil der Stadt. Einziges Überbleibsel aus der Zeit der Anfänge Sartènes ist die *Stadtmauer*, aus der ein Ecktürmchen herausragt. Folgen Sie den Wegweisern zur *Echauguette*.

SARTÈNE

[128 B2] ⭐ Die Granithäuser des Ortes (3500 Ew.) thronen in einen Steilhang geschmiegt über dem fruchtbaren Tal des Rizzanèse. Ehemals war Sartène

■ SEHENSWERTES ■

ALTSTADTGASSEN

Kärglich wirken die grauen Granitfassaden der hohen Häuser, eng die

Gassen und steil die Stiegen, die oft gleich bis in den zweiten Stock der Häuser führen. Im Labyrinth der Gassen mit dunklen Winkeln lockern Blumen und die Fassaden der kleinen Läden mit lokalen Produkten, Schmuck und Mitbringseln den mittelalterlich-finsteren Eindruck auf.

STE-MARIE

In der Kirche befinden sich links vom Hauptportal Kreuz und Kette, 31,5 kg plus 14 kg, des *Catenacciu*, jenes roten Büßers, der am Karfreitag den Opfergang Christi nachempfindet, indem er sich mit Kette und Kreuz beschwert auf vorgezeichnetem Weg durch die Stadt schleppt.

MUSÉE DE LA PRÉHISTOIRE CORSE

In völlig neuem Gewand, um einen Neubau erweitert, präsentiert sich das ehemals von Roger Grosjean angelegte, prähistorische Museum mit Exponaten aus der Frühzeit. *Juni–Sept. Di–So 10–18 Uhr, Okt.–Mai Mo–Fr 9–12 u. 13.30–17 Uhr | Boulevard Jaques Nicolai | Eintritt 4 Euro*

■ ESSEN & TRINKEN ■

AUBERGE SANTA BARBARA

Bei Gisèle Lovichi – übrigens die einzige Chefköchin Korsikas –, auf einer Terrasse in einem zauberhaften Garten, wird nach uralten Rezepten gekocht. Eine der besten Restaurantadressen im Süden. *Route de Propriano unterhalb von Sartène | Tel. 04 95 77 09 06 | €€*

■ EINKAUFEN ■

BERGERIE D'ACCIOLA

Kenntnisreicher Käsespezialist. Korsische Spezialitäten und kleines Res-taurant. *Mitte Juni–Mitte Sept., direkt an der Route Sartène–Bonifacio, ca. 8 km entfernt*

■ ÜBERNACHTEN ■

U LISTINCU

Ein angenehmes, sauberes Motel am Ortseingang von Sartène. Alle Zimmer mit Blick ins Tal. Der Patron ist sehr ums Wohl seiner Gäste bemüht. *14 Zi. | Tel. 04 95 77 17 51 | Fax 04 95 77 71 50 | €*

ROSSI HÔTEL – FIOR DI RIBBA ☀ ⌇

In einem Garten mit Swimmingpool liegt das behaglich eingerichtete Hotel. Herrlicher Blick auf Sartène. *20 Zi. | Quartier Casabianca, Route de Propriano | Tel. 04 95 77 01 80 | Fax 04 95 73 46 67 | www.hotelfiordiribba.com | €€*

■ AUSKUNFT ■

An der Hauptstraße im Ort Cours Sœur Amélie | Tel. 04 95 77 15 40 | Fax 04 95 73 28 03 | www.oti-sartenaisvalinco.com

■ ZIELE IN DER UMGEBUNG ■

SPIN'A CAVALLU [128 C1]

An der D 268/D 69 Richtung Alta Rocca gelangen Sie nach ca. 4 km zur Spin'a Cavallu, einer restaurierten genuesischen Bogenbrücke.

TIZZANO [128 A3]

Durch die Weinfelder der *Domaine de Mosconi* führt die Straße D 48 hinab an die Südküste. Kurz vor Tizzano stößt sie ans Meer. Dieser zu Sartène gehörende Weiler besitzt einen kleinen Hafen und hübsche Sandbuchten, die nach Westen hin immer einsamer werden.

> ZERFURCHTE SCHÖNHEIT

Naturerlebnisse zwischen Stränden und Bergen, zwischen gestern und heute

Die Touren sind auf dem hinteren Umschlag und im Reiseatlas grün markiert

1 VOM MEER INS HOCHGEBIRGE UND ZURÜCK

Bei diesem Ausflug zum Col de Bavella erleben Sie alle Herrlichkeiten der korsischen Landschaft an einem Tag, wobei Sie für die Strecke von 135 km wirklich einen ganzen Tag einplanen sollten. Die Route beginnt bei Porto-Vecchio, sie führt über Solenzara ins Binnenland über den Col de Larone zum Bavella-Pass auf 1218 m Höhe. Weiter in Richtung Zonza

(784 m) mit Abstechern nach Levie und Cucuruzzu oder zum Castellu d'Arraghju – wie das Castello d'Arraggio auf Korsisch heißt – und wieder zurück nach Porto-Vecchio.

Brechen Sie morgens auf (Proviant und Getränke nicht vergessen), bringen Sie die N 198 hinter sich, und richten Sie sich auf eine gemächliche Tour ins Gebirge ein. Am Ende von Solenzara *(S. 78)* vor der Brücke über den Fluss geht es auf die D 268,

Bild: Notre-Dame des Neiges

AUSFLÜGE & TOUREN

zunächst noch durch Macchia, bald werden die Bäume höher. Nach 8–10 km kommen Sie nahe an den Fluss, dort können Sie eine Pause einlegen, über Felsen klettern, das klare Wasser genießen. Verschiedene *Badeplätze* folgen kurz hintereinander. Dann weiter über die gewundene Straße, immer neue Panoramen vor Augen. An der ☀ **Bocca di Larone** geht in der ersten Kurve hinter dem Pass rechts ein Weg zu herrlichen *Wasserfällen* ab (45 Minuten). Er ist nicht markiert, aber gut ausgetreten. Auf der Fahrt wird die Aussicht mit jeder Kurve fantastischer, bis die Gebirgsketten sich vereinen. Dann hinauf in den kühlen Nadelwald, den **Forêt de Bavella**, wo Alpenveilchen, Anemonen, Akeleien auf tiefgrünen Wiesen blühen. Oben am ☀ **Col de Bavella** *(S. 81)* finden Sie die Tische und Bänke der *Auberge du Col de Bavella* und des *Le Refuge,* wo Sie preiswert essen können. Oder Sie suchen sich ein Plätzchen auf der weiten Wiese am Pass, im Schatten einer der Laricio-Kiefern, die bis zu 1000 Jahre alt sein sollen. Vor Ort gibt es einen Trinkwasserbrunnen und einen Laden, in dem Sie Proviant kaufen können. Die Marienstatue **Notre-Dame des Neiges** ist immer am 5. August Ziel einer Wallfahrt. Vom Parkplatz führt südlich des Passes eine ausgeschilderte Wanderung zum **U Cumpuleddu**, einem imposanten Felsloch. Besonders schön ist auch die Wanderung zur **Punta Velacu**, ebenfalls südlich des Passes (Karte nötig!). Nördlich des Passes führt gelb markiert die ❀ „alpine Variante" des GR 20 steil zu fantastischen Felstürmen. Der Rundweg über den GR 20 zieht sich sehr in die Länge (6 Stunden)!

Hinter dem Pass erreichen Sie rasch den hübschen Ort **Zonza** *(S. 83)*, in dem mehrere kleine Restaurants und Cafés einladen. Anschließend lohnt ein Abstecher über Levie zur Steinzeitsiedlung **Cucuruzzu** *(S. 82)*. Dazu fahren Sie weiter auf der D 268. In **Levie** *(S. 82)* können Sie sich im **Musée départemental** über die Ausgrabungsstätten informieren. Im Museum liegen die Ausgrabungsfunde von der Steinzeit bis ins Mittelalter, u.a. das Skelett der „Dame von Bonifacio" (6600 v.Chr.). Zu den Steinzeitdörfern und Monumenten von Cucuruzzu biegen Sie 3,5 km hinter Levie in einer Kurve rechts ab, dann fahren Sie wieder 3,5 km weiter bis zu einem Parkplatz. Auf einer *Rundwanderung* von 1,5 Stunden durch einen bemoosten Zauberwald besuchen Sie die beiden in der Bronzezeit entstandenen ❀ Anlagen

von **Cucuruzzu** und **Capula**. Letztere wurde zur Burg ausgebaut, war noch bis ins Mittelalter bewohnt und wird heute von einem abgebrochenen Menhir bewacht. Von beiden Siedlungen haben Sie schöne Blicke bis zum Bavella-Massiv.

Der Rückweg führt auf der D 368 von Zonza wieder durch herrliche Wälder. Ein hübscher Spaziergang bringt Sie zum Wasserfall **Piscia de Gallo**: Ausgangspunkt ca. 1 km vor der Staumauer des **Barrage de L'Ospedale** am Kiosk. Der Weg zweigt links ab und führt durch den Wald bergab zum rund 80 m hohen Wasserfall (1,5 Stunden hin und zurück).

Wer mag, biegt bei Palavese auf die D 559 ab. Folgen Sie den Wegweisern zum Parkplatz am ❀ **Castellu d'Arraghju** nach wenigen Kilometern. Von dort führt ein Weg durch einen Gartenhof und über einen Bach steil bergauf. Nach ca. 20 Minuten werden Sie durch eine fantastische Aussicht und den Anblick der größten bisher freigelegten torreanischen Festung belohnt, mit Wächternische und Kammern, auf einer Felsnase gelegen. Von dort geht es über die N 198 nach Porto-Vecchio zurück.

2 STEINZEIT, WEIN UND MEER

🚗 In den Golf von Valinco ergießt sich von Norden der Fluss Taravo, der in den Bergen unterhalb des Col de Verde entspringt und rasch anschwillt. Hier ein Vorschlag für eine Tagestour von Propriano an den Unterlauf. Ca. 50 km plus Rückfahrt.

Die Tour beginnt an der Küste. Von **Propriano** *(S. 90)* auf der N 196 nach Norden fahren, dann, noch an der

AUSFLÜGE & TOUREN

Bucht, auf die D 157 abbiegen und kurz nachdem sie von der Küste wegführt auf die D 57 Richtung Filitosa. Für einen Besuch der **Steinzeitsiedlung** *(S. 91)* dort sollten Sie zwei bis drei Stunden rechnen. Um der D 57. Sie folgen der D 302 nach Calzola. Kurz vor der alten Brücke lohnt ein Halt beim Weingut **Domaine Comte Abatucci** mit Ausschank und kleinem Restaurant *(nur Juli/Aug. | Tel. 04 95 24 36 30 | €€)*.

Bis zu 4 m hohe und 2 m starke Mauern schützten das Castellu d'Arraghju – ohne Mörtel

den Eingang scharen sich Stände einiger Handwerker und Erzeuger der Region, deren Produkte – Töpferwaren, Honig, Konfitüren, Käse, Wein, eingelegte Kastanien – eine nähere Prüfung lohnen. Dann geht es durch enge Kurven hinauf nach **Sollacaro**, das als einstiger Hauptort über dem unteren Taravo-Tal thront. Von hier regierte die Familie d'Istria bisweilen sehr despotisch über das Sartenais. Die Festungsruine liegt über dem Dorf. Nach einem Spaziergang geht es zurück bis zum Abzweig

Weiter geht es über die D 757 Richtung Porto-Pollo. Etwa auf halber Strecke dahin liegt links der Straße der unauffällige Weinkeller der *Domaine de Pratavone,* die hoch prämierte Weine hervorbringt. Sie sind im Direktverkauf zu haben *(mittags geschl. | Tel. 04 95 24 34 11)*. **Insider Tipp**

Nach so vielen Kurven ist es Zeit, ans Meer zu kommen – die D 757 endet im Hafenstädtchen **Porto-Pollo**. Wie wäre es mit einem Abendessen im **L'Escale** unmittelbar über dem Strand *(Tel. 04 95 74 01 54 | €€)*?

EIN TAG RUND UM CALVI

Action pur und einmalige Erlebnisse.
Gehen Sie auf Tour mit unserem Szene-Scout

FARBENFROHER WACHMACHER

8:00

Das *Café Le Chalet* am Hafen von Calvi ist kaum zu
übersehen. Die farbenfrohe blaue Holzfassade strahlt
mit den gelben Fensterläden und der Morgensonne um die Wette. Hier
starten wir mit Kaffee und Hörnchen in den Tag. **WO?** *Quay Landri*

9:00

GEHEIMNISVOLL

Obwohl allgemein Genua als Christoph
Columbus' Wiege gilt, sind die Korsen
überzeugt, dass der Entdecker in der Zitadelle von Calvi
geboren wurde. Rosemarie Antonini bringt während
einer Führung Licht ins Dunkel und verrät noch andere
Geheimnisse der Zitadelle. **WO?** | *Anmeldung und
Treffpunkt unter Tel. 06 87 22 19 18 oder rosemarie
anna@wanadoo.fr | Kosten: 12 Euro/Person*

ABTAUCHEN

10:30

Es bleibt spannend! Tauch-
ausrüstung anlegen und vor
der Küste Calvis mit den Tauchlehrern von
L'Hippocampe neben bunten Fischschwär-
men, Seepferdchen und Korallen antike Am-
phoren und ein altes amerikanisches Flug-
zeugwrack entdecken. Einzigartig! **WO?** *Port
de Plaisance, Calvi | Kosten: 42 Euro | Tel.
04 95 60 57 74 | www.hippocampe2b.fr*

13:30

STAR-LUNCH

Im Szene-Restaurant *Le
Matahari* erlebt man Kor-
sika von seiner schönsten Seite. Das haben
auch Promis wie Laetitia Casta erkannt und
genießen hier ab und an leichte Sommer-

küche wie Gambas in Tempurateig mit Reisnudelsalat oder Langusten mit Rucola und
Brocciu, dem typischen Inselfrischkäse. Was will man mehr? **WO?** *Plage de l'Arinella,
Lumio | Reservierung unter Tel. 04 95 60 78 47 | www.lematahari.com*

24h

„SEE"-PFERDCHEN

15:00

Aufsitzen und beim Galopp am Strand den Wind im Gesicht spüren. Highlight und Abkühlung des Tages ist ein Bad zusammen mit den Pferden im Meer. Unglaublich, wie gut Pferde schwimmen können. Tipp: auch im Wasser immer schön auf dem Rücken des Pferdes bleiben. **WO?** *Centre Equestre St. François, Complexe Sportif, Monticello | Anmeldung nötig unter Tel. 04 95 60 27 43 | Kosten: 14 Euro/Std. | www.centre-equestre-stfrancois.com*

18:30

ZUM ENTSPANNEN

Das Gute-Laune-Barometer steigt noch weiter, denn jetzt darf man sich bei *Liloo* so richtig verwöhnen lassen. Bei einer Massage mit einheimischen ätherischen Ölen werden die Sinne belebt und der Körper fit für den Abend gemacht. **WO?** *Résidence Isola Celeste – boulevard Pierre Pasquii, Île-Rousse | Kosten Massage: 52 Euro/45 Min. | Anmeldung unter Tel. 04 95 44 06 55 | livia.rossi@wanadoo.fr*

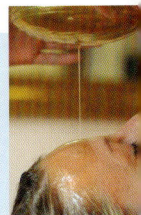

BEACH-DINNER

20:30

Zum Abendessen geht's ins *A Siesta*, ein traumhaftes Restaurant direkt am Strand. Während die leichte Meeresbrise den Tag abkühlt, probiert man den Mix aus französisch-italienischer Küche. **WO?** *Promenade de la Marinella, Île-Rousse | www.a-siesta.com*

23:00

FEIERABEND

Zuerst einen kühlen Drink in der *Escale-Lounge* des *Hotel Côté Sud* genießen. Die minimalistische Bar mit ihren weißen Designstühlen ist abends der Anlaufpunkt fürs Partyvolk. Wenn sich die Stimmung so langsam aufheizt und die Meute Lust auf Tanzen bekommt, wird im *Le Pub's* bis in die frühen Morgenstunden weitergefeiert! **WO?** *Escale, 22 rue Notre Dame, promenade de la Marinella | www.hotel-cotesud.com | Le Pub's, Lieu-dit Vaitanacceroute de Calvi, Île-Rousse*

> EIN PARADIES FÜR AKTIVURLAUBER

Auf der Insel der Vielfalt sind Ihrem Tatendrang keine Grenzen gesetzt

> Für einen bewegten Urlaub an der frischen Luft ist Korsika ein Traumziel. 1000 km Küste, sauberes Meer, kristallklare Flüsse, Wanderwege, Kletterfelsen und -wände, über 70 Gipfel von mehr als 2000 m Höhe, kleine und nicht so kleine kurvige Straßen durch Berg und Tal, auf denen Radfahrer ihre Kräfte erproben können: Es gibt eigentlich keinen Outdoorsport, der sich nicht betreiben ließe. Und fast überall auf der Insel finden Sie Schulen, Vermietungen, Veranstalter, die es Ihnen leicht machen, Ihre sportlichen Wünsche zu verwirklichen. Auch wer es bequemer mag, ist gut bedient, mit abwechslungsreichen Bustouren in die Berge oder mit Bootsfahrten an wilde Küsten und zu naturgeschützten Inseln. Auskunft geben die vom Fremdenverkehrsamt herausgegebenen Broschüren zu Wassersport und Aktivitäten in freier Natur sowie die Offices du Tourisme vor Ort.

Bild: Kajak-Training

SPORT & AKTIVITÄTEN

◼ ANGELN ◼

An der Küste ist das Angeln nur vom Ufer außerhalb der Naturschutzzonen gestattet, für die Flüsse braucht man einen Schein. Man bekommt ihn im Anglerladen am jeweiligen Ort.

◼ BOOTSAUSFLÜGE ◼

Sie brauchen nur in den Hafen eines Seebads zu gehen und ein Angebot zu wählen: Tagesausflüge nach Sardinien, an die Südspitze Korsikas, ins

Naturreservat der Lavezzi-Inseln, zur Halbinsel Scandola oder kleine Fahrten zum Beispiel an die traumhaften Strände des Désert des Agriates.

◼ CANYONING ◼

Mit Helm, Neoprenanzug und Klettergurt ausgerüstet stürzen sich Anfänger und Könner ins kühle Nass. Unter fachkundiger Anleitung klettern Sie Wildbäche hinab. Angebote bei allen Outdoor-Sportveranstaltern auf der Insel. Infos auch unter *www.visit-corsica.com*

▋ DRACHENFLIEGEN & PARAGLIDING

Die meisten Flieger suchen die Aufwinde über der Südküste und ganz im Norden: am Cap Corse und um St-Florent. Nähere Informationen erhalten Sie bei der *Agence du Tourisme de la Corse* in Ajaccio *(S. 53)*.

▋ KAJAK & KANU ▋

Das Frühjahr – April, Mai – ist die schönste Zeit für Wildwasserfahrten auf den Flüssen Taravo, Rizzanese, Asco, Golo, Tavignano, Vecchio und

Beliebtes Surfrevier sind die Küsten der Île Cavallo und der Îles Lavezzi

Liamone. Für Erkundungen entlang der Küsten – am schönsten an der Südküste und an der ==nördlichen Westküste des Cap Corse== mit ihren versteckten Grotten – ist der Sommer ideal, am besten in Gruppen, da umschlagende Winde gefährlich werden können. Meer und Flüsse laden zu sportlichen Fahrten ein. Informationen: *Comité Régional de Kayak: Corri Bianchi | Eccica Suarella | Tel. 04 95 25 91 19*

▋ KLETTERN ▋

Korsikas Gipfel bieten vielerlei Schwierigkeitsgrade. Zu den höchsten sollte man frühmorgens aufbrechen, um die fantastische Aussicht von oben zu genießen, bevor Dunst und Quellwolken kommen. Als *site d'escalade* ausgewiesene Kletterstellen finden sich überall im Gebirge. Infos unter *www.visit-corsica.com*

▋ MOTORRADFAHREN ▋

Korsika ist für Motorradfans ein Fest, sie legen sich mit Hochgenuss in die vielen Kurven und brausen über die schmalen Straßen bis in die letzten Winkel der Insel. Wer selbst keines hat, kann in größeren Küstenorten ein Bike mieten.

▋ RADFAHREN ▋

Die besten Zeiten für Radfahrer und Mountainbiker sind das Frühjahr und der Herbst außerhalb der Hauptreisezeit, wenn die Sonne nicht gar so brennt und viele Straßen ihnen (fast) allein gehören. Die steilen Berg- und Talfahrten durch abwechslungsreiche Landschaft, tolle Ausblicke bei jeder Rast, im Frühjahr der Duft der blühenden Macchia, all das macht Korsika ideal für Radtouren, Fahrräder können Sie in allen größeren Orten mieten. Wer die Insel nicht individuell erobern will, findet bei deutschen oder deutschsprachigen Veranstaltern Angebote für Gruppenreisen mit ausgeklügelt portionierten Radtouren.

■ REITEN ■

Über 1000 km alte Wege, oft frühere Maultierpfade, werden erhalten und sind für Erkundungen zu Pferd bestens geeignet. „Centre équestre" steht auf den Schildern, nach denen Sie Ausschau halten müssen. Eine Liste sämtlicher Adressen verschickt: *Comité Régional d'Equitation Corse | Maison de l'Agriculture | 19 av. Noël Franchini | B. P. 913 | 20700 Ajaccio | Cedex 9 | Tel. 04 95 22 28 35*

■ SCHNORCHELN & TAUCHEN ■

Fischschwärme, Schiffswracks, die Unterwasserwelt der Felsen und Spalten: Vor allem die zerklüftete Westund Südküste Korsikas bietet zahlreiche Schnorchel- und Tauchreviere für Unterwassersportler. In fast allen Küstenorten gibt es Tauchschulen, in denen man die Unterwassertaufe ablegen oder weiterführende Kurse besuchen kann. Erkundigen Sie sich nach *plongée* (dt. Tauchen). Unbedingt ein Gesundheitszeugnis von zu Hause mitnehmen! Auskunft beim *F.F.E.S.S.M. Comité Régional Corse: Castellacio | 20200 Monticello | Tel. 04 95 60 39 39 | www.plongee-corse. org*

■ SEGELN & SURFEN ■

Für Surfer und Segler sind die Gewässer um die Insel wunderschön, in fast allen Küstenorten finden sich Boots- und Brettverleihe, die auch Kurse anbieten. Für Anfänger am besten geeignet ist die lange Ostküste. Surfer schwärmen vom Golfe de Valinco, dem Golfe de Sagone und den Gewässern an der Südküste in

Das Wandern ist auf Korsika eine Lust

den Buchten zwischen Porto-Vecchio und Tizzano. Könner tummeln sich an der Westküste des Cap Corse und den Golfs von Figari und Sant'Amanza. Segler, die größere Törns planen, sollten Erfahrung besitzen oder mit einem Skipper fahren.

■ WANDERN ■

Auch wer nicht gleich Gipfel stürmen will, findet herrliche Wanderpfade – ausgearbeitet als Rundwege oder als mehrtägige Routen von einer Küste zur anderen *(Da Mare a Mare)* oder durch die mittleren Berge *(Tra Mare e Monti)*. Höhere Anforderungen stellt der berühmte große Weg durch das Hochgebirge, GR 20. Die sehr guten Karten „IGN TOP 25" gibt es in Buchhandlungen, Souvenirgeschäften und Supermärkten.

> ## DA WOLLEN WIR NÄCHSTES JAHR WIEDER HIN!

Für den Familienurlaub ist Korsika perfekt: Sonne, Sand, Meer und zahllose spannende Aktivitäten

> **Erwachsene, die mit Kindern nach Korsika reisen, brauchen sich um deren Unterhaltung keine Sorgen zu machen.** Es sind die einfachen Freuden, die dort die Tage ausfüllen: baden im Meer oder in den seichten Becken der Flüsse, klettern über Felsen im Flussbett, zuschauen, wie Eidechsen flitzen, Schmetterlinge gaukeln, Schildkröten um die Lagunen marschieren (und sie retten, wenn sie auf die Straße laufen), im Hafen vom Pier ins Wasser schauen, Beine reinhängen, Fische gucken.

Große Kinder können Gipfel ersteigen, mit dem Fahrrad bergauf, bergab fahren, per Kajak das Meer erkunden (immer mit dem gebotenen Respekt vor Winden und Strömungen!), schnorcheln, tauchen oder segeln. Sie können sich abwechselnd im Wasser und auf dem Sandstrand aalen und quer durch die Nationalitäten Beachvolleyball spielen.

Bild: Plage de Sagone

MIT KINDERN UNTERWEGS

Die schönsten Zeiten für Familien mit Kindern, die noch nicht zur Schule müssen, sind Juni und September: Dann ist das Wetter ziemlich stabil, das Meer warm genug zum Baden und die Insel nicht überfüllt. Zu bemängeln sind eigentlich nur die fehlenden oder abenteuerlich aussehenden Gehsteige in den Ortschaften. Empfehlenswert ist daher eine geländetaugliche Kinderkarre, mit der Sie zudem auch auf holperigen Forst-wegen mobil sind. Wer wandern will, nimmt für den Nachwuchs ein Trage-gestell für den Rücken mit.

Bei allen Freizeitaktivitäten gilt: Guter Sonnenschutz mit Creme und Hut und Spiel im Schatten spart manchen Urlaubskummer.

■ DER NORDEN ■

BADEN IM FLUSS FANGO [122 B3]

Die Badebecken im Fango landein-wärts von Galéria sind leicht von der

Straße aus zu erreichen. Die roten Felsen sind rundgewaschen und wunderschön zum Sonnenbaden und Rumklettern.

ESELWANDERN [123 D–E2]

Wandern Sie auf alten Pfaden im herrlichen Hinterland der Balagne, während ein Esel Ihr Gepäck trägt und Ihre Kinder zu Wanderfans werden lässt. Josiane gibt fachkundige Hinweise zur Eselbetreuung und macht tolle Tourenvorschläge (halb- bis mehrtägig). *Promenâne | Albertacce | am Ortsausgang 300 m Richtung Col de Verghio, rechts der Straße | Esel inkl. Ausrüstung ca. 70 Euro/Tag | Juni–September | Tel. 06 15 29 45 64 | www.randonnee-ane-corse.com*

TAUCHEN FÜR KINDER [124 A4]

Anfängerkurse gibt es in jedem Tauchklub, aber Kurse für Kinder (ab 8 Jahren) mit deutschsprachiger Betreuung (nach Katia fragen!) wohl nur hier: *JMB Diving | Route de Donateo | Calvi | Tel. 06 71 27 15 15 | jmbdiving@wanadoo.fr*

TRAMWAY DE BALAGNE [120 B5–122 B1]

An der Küste zwischen Calvi und Île-Rousse bringt die Schmalspurbahn *Tramway de Balagne* Sie von Strand zu Strand. Sie brauchen nur an der Badebucht Ihrer Wahl auszusteigen (dem Schaffner Bescheid sagen). *In der Hauptsaison stündlich*

■ DER WESTEN

ABENTEUERPARCOURS VERO [126 A2]

Wer auch mal in luftiger Höhe durch einen Wald balancieren möchte oder an Seilen durch die Lüfte gleiten, der

ist in Vero richtig. Nach der Sicherheitseinweisung geht's los: Verschieden schwierige „Ateliers" stellen Kids auf die Probe. Klasse: **nächtliches Balancieren** – im Hochsommer immer mittwochs 20–24 Uhr. *Parcours Aventure de Vero | Juni bis Sept. 10–19 Uhr | Preis gestaffelt nach Körpergröße 10–20 Euro | www.revesdecimes.fr*

CALANCHES [122 A–B5]

Die (oft sehr volle) D 81 führt durch die bizarren roten Felsgebilde der Calanches, kleine Wanderwege zweigen ab in Schluchten und auf Gipfel. Hier wartet großer Kletterspaß auf kleine Abenteurer – im Sommer ist die beste Zeit dafür frühmorgens oder im warmen Abendlicht, mittags ist es zu heiß. Ein schöner zweistündiger Rundweg startet an der *Auberge Les Roches Bleues* (ausgeschildert) über den rot-blau, grün-blau, weiß-blau markierten *Sentier des Muletiers*.

SCHILDKRÖTENZOO A CUPULATTA [126 B2]

An der N 193 von Ajaccio Richtung Bastia liegt die Aufzuchtstation für Schildkröten aus allen Kontinenten. In der Mittagshitze verstecken sich die Schildkröten. Kommen Sie am besten **so früh wie möglich**. Danach ist Zeit für ein Picknick am nahen Fluss. *21 km von Ajaccio, in Vignola | Mitte Mai bis Mitte Sept. tgl. 9–19 Uhr, sonst 10–17.30 Uhr | Eintritt 9,50 Euro, Kinder (bis 11 Jahre) 5,50 Euro | www.acupulatta.com*

■ DAS BERGLAND

BAHNFAHRT MIT DER „MICHELINE" ★

Wer erleben möchte, wie die korsische Schmalspurbahn über die Berge schnauft, durch Schluchten und Tunnel kurvt und über hohe Brücken schaukelt, fährt am besten von *Corte* [123 F4] zur kleinen Ortschaft *Vizzavona* [126 C1] unweit vom gleichnamigen Pass. Von dort aus kann man in 1 Stunde geruhsam, ohne kurze Kinderbeine zu strapazieren, durch herrlich schattige Wälder zu den beeindruckenden *Cascades des Anglais* wandern. Der Wildbach *Agnone* hat oberhalb der Brücke (dort Einkehrmöglichkeit) herrliche Badebecken ausgewaschen und springt über imposante Felsblöcke ins Tal. Am Rand, außerhalb der Gefahrenzone, gibt es herrliche Kletterfelsen für Kinder. Rechnen Sie mindestens noch 15–20 Minuten für den Aufstieg nach der Brücke. Gehen sie nur mit solidem Schuhwerk und nicht nach Gewittern am Vortag. *Hin- und Rückfahrt Corte–Vizzavona 10,60 Euro, Kinder (4–12 Jahre) 5,30 Euro*

■ DER SÜDEN

KAJAKFAHREN AUF DEM MEER [129 D5]

Wie könnte man besser die herrliche Küste bestaunen? Geführte Kinderausfahrten in Kleingruppen: *Bonif Kayak, Plage de Piantarella | Bonifacio | Tel. 06 27 11 30 73 | 3 Std. 35 Euro, Kinder 20 Euro |* www.bonifacio-kayak.com

SCHNORCHELTOUR [129 E5]

Insider Tipp

Ein einmaliges Urlaubserlebnis. Hier lernen Kids ab 8 Jahren etwas über das empfindliche Ökosystem Meer. Ein erfahrener Naturparkmitarbeiter nimmt Kleingruppen auf eine Erkundungstour des Meeresbodens vor den *Îles de Lavezzi* mit. *Modalitäten s. S. 87 |* www.parcmarin.com

Drei kühne Freibeuter entern eine Yacht: Strand am Rand der Halbinsel Scandola

> VON ANREISE BIS ZOLL

Urlaub von Anfang bis Ende: die wichtigsten Adressen und Informationen für Ihre Korsika-Reise

■ ANREISE ■

AUTO/BAHN/FÄHRE

Die *SNCM* (*www.sncm.fr*) verbindet Marseille und Nizza mit Ajaccio, Bastia, Propriano, Calvi, Île-Rousse und Porto-Vecchio. Die Fahrtzeit schwankt zwischen drei Stunden (Nice–Calvi mit dem Schnellboot NGV) und vierzehn Stunden (Marseille–Porto-Vecchio per Fähre).

Nachtfähren legen zwischen 6.30 und 8 Uhr morgens im korsischen Hafen an. Auf den Frühfähren können Sie schon für die Nacht vor der Fahrt eine Kabine buchen.

Die preiswerte *Corsica Ferries* (*www.corsica-ferries.fr*) operiert von den Festlandhäfen Toulon und Nizza in Frankreich sowie Livorno und Savona in Italien, um Calvi, Île-Rousse, Ajaccio und Bastia anzulaufen. Die 2008 eröffnete Linie Bastia–Piombinu (Toskana) hat die kürzeste Fahrzeit: unter zwei Stunden. Buchen Sie rechtzeitig, um von den äußerst attraktiven „Jackpot"-Preisen   zu profitieren. Die *Moby Lines* (*www.mobylines.fr*) fahren von Toulon, Genua und Livorno nur nach Bastia.

Buchungen übers Internet sind meist gebührenfrei. Reisebüros verlangen für die Ausstellung des Tickets einen Aufpreis.

Sämtliche Fährhäfen auf dem Festland verfügen über Bahnanschluss.

PRAKTISCHE HINWEISE

Da Zug- und Fährfahrpläne nicht aufeinander abgestimmt sind, muss unter Umständen eine Übernachtung eingeplant werden. Alle Häfen sind per Autobahn zu erreichen (Mautgebühren bedenken).

FLUGZEUG

Es gibt vier internationale Flughäfen: Ajaccio, Calvi, Bastia und Figari. Das Angebot an Charterflügen ist groß, die Preise variieren stark. Der Flugverkehr zur Insel wurde Ende 2007 auch für Billigflieger geöffnet. Prüfen Sie die Angebote von Easyjet, InterSky, Germania Express, Ryanair, Germanwings und anderen.

Die Anbindung der Flughäfen an den öffentlichen Nahverkehr ist nur in Bastia und Ajaccio geregelt. Flughafenbusse fahren ins Stadtzentrum. Woanders müssen Sie sich mit Taxis behelfen oder gleich Ihr Mietauto am Flughafen übernehmen.

◼ AUSKUNFT VOR DER REISE ◼

FRANZÖSISCHES FREMDENVERKEHRSAMT (MAISON DE LA FRANCE)

– *Zeppelinallee 37 | 60325 Frankfurt am Main | Tel. 0900/157 00 25 (49 Cent/Min.) | Fax 0900/159 90 61 | http://de.franceguide.com*
– *Lugeck 1–2 | Stg 1 | Top 7 | 1010 Wien | Tel. 0900/25 00 15 (max. 0,68 Euro/Min.) | Fax 015 03 28 72 | http://at.franceguide.com*
– *Rennweg 42 | Postfach 3376 | 8021 Zürich | Tel. 04 42 17 46 00 | Fax 04 42 17 46 17 | http://ch-de.franceguide.com*

◼ AUSKUNFT AUF KORSIKA ◼

Detaillierte Informationen bekommen Sie in den Offices de Tourisme der einzelnen Regionen, kenntlich durch ein „i" auf blauem Feld.

Parc Naturel Régional de la Corse | Service Info | BP 417 | 20184 Ajaccio Cedex 1 | Tel. 04 95 51 79 10 | Fax 04 95 21 88 17 | www.parc-corse.org. Hier bekommen Sie alle Informationen zu Wanderungen und Wanderherbergen. Viele Karten und Führer gibt es nur gegen Gebühr, dafür hervorragend ausgearbeitet, so z. B. die „Topo Guides" für die großen Wanderrouten.

Über kulturelle Veranstaltungen informieren die überall erhältlichen Broschüren „Guide des manifestations culturelle" und „A canzona in giru" (*www.outil-culturel-corse.fr*).

◼ AUTO & MOTORRAD ◼

Auf allen Landstraßen beträgt die Höchstgeschwindigkeit 90 km/h, in Ortschaften 50 km/h. Rechnen Sie nicht damit, schnell voranzukommen – abgesehen von wenigen Hauptstraßen sind die Straßen schmal, kurvenreich und häufig an den Rändern nicht befestigt. In den letzten Jahren hat sich die Straßenqualität jedoch enorm verbessert. Sogar viele Straßen zu entlegenen Pässen sind erneuert worden.

Vor Kurven zu hupen ist manchmal sinnvoll, langsam fahren immer!

Anschnallen ist Pflicht, Kinder unter zwölf Jahren müssen hinten sitzen. Promillegrenze 0,5. Es empfiehlt sich, die internationale grüne Versicherungskarte mitzunehmen.

Übrigens: Wenn Sie nach Entfernungen fragen, wird man Ihnen die Fahrzeit sagen. Das ist aufgrund der vielen Kurven aussagekräftiger.

■ BANKEN & KREDITKARTEN ■

Die Banken haben vorwiegend *Mo bis Fr 8.30–12 und 14–16.30 Uhr* geöffnet. Geldautomaten sind nur in größeren Orten vorhanden. Kreditkarten werden außer in Restaurants mit korsischem Flair fast überall angenommen, doch in kleineren Beherbergungsbetrieben gilt meist die Devise „Nur Bares ist Wahres".

■ DIPLOMATISCHE VERTRETUNGEN

DEUTSCHES HONORARKONSULAT

c/o Socodipha | 20600 Furiani | Zone Industrielle RN 193 | 20200 Bastia | Tel. 04 95 33 03 56 | Fax 04 95 33 88 89

ÖSTERREICHISCHES HONORARKONSULAT

Mai–Okt. unter Tel. 06 08 05 24 88 | Fax 04 95 21 22 68 (tel. Terminvereinbarung erforderlich). 10 rue Bonaparte | Ajaccio. Im Winter nur per Fax unter 01 45 03 11 21

■ FKK ■

Oftmals haben auch „normale" Strände Bereiche (nicht ausgeschildert), wo Nacktbaden akzeptiert wird, so z.B. in Ajaccio am Ricantu, dem Flughafen vorgelagert, oder am Capu di Fenu an der Landspitze westlich der Stadt.

Die bekanntesten FKK-Feriendörfer sind Bagheera in Bravone, La Chiappa in Porto-Vecchio und Riva Bella in Aleria. Viele Infos zu FKK unter *www.insel-corsica.de*

■ GESUNDHEIT ■

Die mit grünen oder grün-roten Kreuzen gekennzeichneten Apotheken *(pharmacie)* sind *Mo–Sa 9–12 u. 15–19 Uhr* geöffnet. Über Notdienste informieren die Tageszeitungen. Notarzt und Krankenwagen vermittelt der *SAMU (Service d'Aide médicale d'Urgence): Tel. 15.*

Einen Arzt finden Sie über jede Apotheke. Die Europäische Versicherungskarte wird fast nie anerkannt. Sie müssen die Behandlung vor Ort zunächst selbst bezahlen und die Belege zu Hause bei Ihrer Kasse zur Erstattung einreichen. Es ist ratsam, eine Reisekrankenversicherung abzuschließen.

■ INTERNET ■

www.visit-corsica.com – offizielle Seite des korsischen Fremdenverkehrsbüros. Kurzversion auf Deutsch

www.korsika-aktuell.de – sehr informativ mit Tipps, Forum, Inselnachrichten und Links

www.toute-la-corse.com – korsische Seite voller Infos

www.corsica.net – Infos und Buchungen, auch auf Deutsch

www.korsika.reiseinfos-online.de – Infos, Allgemeines und über einzelne Regionen

www.korsika-entdecken.de – Reiseinfos, Forum und Nützliches über Land und Leute

PRAKTISCHE HINWEISE

www.lexilogos.com – klicken sie auf „corse", und ein korsisch-französisches Wörterbuch erscheint

www.insel-corsica.de – sehr aktuell, gutes Forum

www.corse.visite.org – Wetter, Veanstaltungen, Buchungen usw.

www.corsicamania.com – ein Sammelsurium ganz verschiedener korsicher Websites, nur auf Französisch

▓ INTERNETZUGANG & WLAN ▓

Ins Internet kommen Sie in *cybercafés,* auf öffentlichen Plätzen, in Hotels oder Restaurants mit WLAN *(borne/accès Wifi)* oder aber in den sogenannten *P@Ms (point accès multimédia)*. Eine Liste der aktuellen Cybercafés finden Sie unter *www. cybercafe.fr* (auf die Karte klicken).

Einige WLAN-Spots sind hier gelistet: *www.linternaute.com/wifi/loca lisation/36612/corse.shtml*

Die P@Ms finden Sie unter: *www.mitic.corse.fr*. Klicken Sie unten auf der Seite auf das Feld „P@M". Dann wählen Sie in der rechten Spalte „Annuaire" (Liste) oder „Carte" (Karte) der P@Ms.

Gut ist auch die Seite *www.wifi camping.com*. Klicken Sie sich einfach zur Korsikakarte durch. Die mit WLAN ausgestatteten Plätze erscheinen mit Bild und Telefonnummer.

▓ MIETFAHRZEUGE ▓

An allen Flughäfen, in einigen Häfen sowie in den Hauptorten sind die großen Mietwagenfirmen ansässig. In den meisten Fällen ist es billiger, von zu Hause aus zu reservieren. Lassen Sie sich auf Ihrem Vertrag deutlich die Versicherungsart (Voll-

oder Teilkasko) und die eventuelle Selbstbeteiligung vermerken. Vor Ort möchte das mancher Vermieter anders lesen und Zuschläge kassieren ...

Für Wohnmobile gibt es zwei kleine Vermieter auf Korsika: *www. aviscaraway.com* und *www.camping carcorse.fr* in Algajola.

▶ WAS KOSTET WIE VIEL?

▶ **KAFFEE**	**3,50 EURO**	für eine Tasse *café au lait*
▶ **SNACK**	**2 EURO**	für ein Kastanienküchlein
▶ **WEIN**	**2,50–4 EURO**	für ein Glas Tafelwein
▶ **MITBRINGSEL**	**20 EURO**	für 1 kg korsischen Hartkäse
▶ **BENZIN**	**1,40 EURO**	für 1 l (95 Oktan)
▶ **AUSFLUG**	**36 EURO**	Boot Porto–Scandola

Motorräder, Roller und z.T. auch Quads unter *www.corsicamoto.com* (Ajaccio), *www.garagedangeli.com* (Calvi) und *www.corse-moto-servi ce.com* (Porto-Vecchio). Für Geländewagen werden Sie auf der Website *www.corse-tourisme.info* fündig. Klicken Sie in der linken Spalte auf „Locations 4X4".

▓ NOTRUF ▓

Feuerwehr: *18*
Notarzt (SAMU): *15*

Polizei: *17*
Bergwacht: *112 u. 04 95 23 30 31*
Sondereinheit Hochgebirge der Gendarmerie in Corte (PGHM): *04 95 61 13 95*

ÖFFENTLICHE VERKEHRSMITTEL

Zwischen den meisten Orten verkehren im Sommer mindestens einmal täglich Linienbusse. Innerstädtischen Busverkehr gibt es nur in Ajaccio und Bastia. *www.corsicabus.org*

Die Schmalspurbahn verkehrt zwischen Ajaccio und Bastia. In Ponte Leccia zweigt die Strecke nach Calvi ab. Fahrpläne in großen Bahnhöfen und Fremdenverkehrsämtern oder unter *www.train-corse.com*. Die einfache Fahrt Bastia–Ajaccio kostet etwas über 20 Euro, Hin- und Rückfahrt (bis zum Folgetag) knapp 33 Euro, die Wochenkarte *(Carte Zoom)* für alle Strecken knapp 50 Euro.

POST

In großen Städten haben Postämter *Mo–Fr 9–19 Uhr* geöffnet. In kleineren Orten *9–12 u. 14–16 Uhr;* samstags allgemein bis *12 Uhr*. Postkarten und Briefe bis 20 g kosten in Länder der EU und die Schweiz 70 Cent. Briefmarken gibt es auch in Zeitschriften- und Tabakläden.

RAUCHEN

Öffentliche Gebäude, Restaurants, Cafés, Bars, Hotels und Diskotheken sind rauchfreie Zonen. Auf Terrassen darf geraucht werden, sofern mindestens eine Seite ganz offen ist. Bei Zuwiderhandlung drohen dem Gast 68 Euro Strafe, dem Wirt 135 Euro.

REISEZEIT

Die besten Reisemonate sind Mai und Juni, wenn die ganze Insel blüht, und September. Dann ist das Meer noch warm, das Klima in den Bergen noch

WETTER IN BASTIA

	Jan.	Feb.	März	April	Mai	Juni	Juli	Aug.	Sept.	Okt.	Nov.	Dez.
Tagestemperaturen in °C	13	14	15	18	21	26	29	29	26	21	17	14
Nachttemperaturen in °C	4	4	6	8	11	14	17	17	15	12	8	5
Sonnenschein Std./Tag	5	5	6	7	9	10	12	10	8	6	5	4
Niederschlag Tage/Monat	7	6	7	6	6	3	0	1	4	7	8	8
Wassertemperaturen in °C	13	13	13	14	16	20	23	24	22	20	17	15

mild, der große Ansturm des Sommers vorüber. Immer beliebter werden die Wintermonate, in denen die lokale Küche mit besonderen Schlemmereien aufwartet.

SICHERHEIT

Sprengstoffanschläge sind mittlerweile selten und finden überwiegend außerhalb der Hauptreisezeit statt; sie waren bislang nie gegen Reisende gerichtet, sonder gegen staatliche Institutionen wie Gendarmerien etc.

STROM

Netzspannung 220 Volt, für Schukostecker benötigt man in älteren Hotels einen Adapter.

TELEFON & HANDY

Vorwahl Frankreich: 0033, dann die neun Ziffern der Nummer ohne die Null am Anfang wählen. Vorwahl Deutschland 0049, Österreich 0043, Schweiz 0041, dann die Ortsvorwahl (ohne die Null) und die Rufnummer.

Telefonkarten für öffentliche Fernsprecher gibt es bei der Post oder im Tabakladen. Die „kleine" *Télécarte* für 7,50 Euro enthält 50 Einheiten.

Das Handynetz ist dicht; in Gebirgstälern sind Funklöcher möglich.

TRINKGELD

In den meisten Restaurants bekommen Sie die Rechnung inklusive Bedienungsgeld, *service compris*. Trotzdem ist es üblich, um 5–10 Prozent aufzurunden. Man bezahlt zunächst die Rechnung, bekommt das Wechselgeld zurück und lässt das Trinkgeld dann beim Verlassen des Lokals auf dem Tisch liegen. Auch Taxifahrer und Zimmermädchen bekommen etwas für den Service.

UNTERKUNFT

CAMPING

162 Campingplätze gibt es auf Korsika, zum Teil befinden sie sich in wunderschöner Lage. Das französische Fremdenverkehrsamt verschickt ein jährlich aktualisiertes Verzeichnis. Infos zu Wohnmobilstellplätzen finden Sie unter *www.eurocampingcar. com*. Auf vielen Campingplätzen gibt es wochenweise kleine Bungalows *(chalets)* zu mieten.

HOTELS, PENSIONEN, WOHNUNGEN

Preise für Unterkünfte sind je nach Saison gestaffelt. Am teuersten ist es von Mitte Juli bis Ende August. In der Nebensaison kann man oft Preisnachlässe aushandeln, wenn man einen längeren Aufenthalt bucht.

Ein Tipp ist das frankreichweite Qualitätslabel „Gîtes de France". Dabei können Sie wählen zwischen Ferienwohnungen *(gîte rural)* oder Zimmern bei Privatleuten *(chambre d'hôtes)*, wo sie oft auch abends mit Ihren Gastgebern essen können *(table d'hôte)*. Im Inselinneren kostet die Übernachtung für zwei Personen mit Frühstück nur etwa schlanke 50–70 Euro! *www.gites-corsica.com*

ZOLL

In der EU dürfen alle Waren zum persönlichen Verbrauch (z.B.: 90 l Wein, 10 l Spirituosen, 800 Zigaretten) frei ein- und ausgeführt werden. Für Schweizer gelten wesentlich geringere Freimengen, z.B. 2 l Wein, 1 l Spirituosen, 200 Zigaretten. *www. zoll.de* | *www.ezv.admin.ch*

„Sprichst du Französisch?" Dieser Sprachführer hilft Ihnen, die wichtigsten Wörter und Sätze auf Französisch zu sagen

Aussprache

Zur Erleichterung der Aussprache sind alle französischen Wörter mit einer einfachen Aussprache (in eckigen Klammern) versehen.

AUF EINEN BLICK

Ja./Nein.	Oui. [ui]/Non. [nong]
Vielleicht.	Peut-être [pöhtätr]
Bitte.	S'il vous plaît. [sil wu plä]
Danke.	Merci. [märsi]
Gern geschehen.	De rien. [dö rjäng]
Entschuldigen Sie!	Excusez-moi! [äksküseh mua]
Wie bitte?	Comment? [kommang]
Ich verstehe nicht.	Je ne comprends pas. [schön kongprang pa]
Ich spreche nur wenig Französisch.	Je parle un tout petit peu français. [schparl äng tu pti pöh frangsä]
Können Sie mir bitte helfen?	Pouvez-vous m'aider, s.v.p.? [puweh-wu mehdeh sil wu plä]
Sprechen Sie Deutsch/Englisch?	Parlez-vous allemand/anglais? [parleh-wu almang/anglä]
Ich möchte …	J'aimerais … [schämrä]
Das gefällt mir nicht.	Ça ne me plaît pas. [san mö plä pa]
Haben Sie …?	Avez-vous …? [aweh-wu]
Wie viel kostet es?	Combien ça coûte? [kongbjäng sa kut]
Wie viel Uhr ist es?	Quelle heure est-il? [käl_ör ät_il]

KENNENLERNEN

Guten Morgen/Tag!	Bonjour! [bongschur]
Guten Abend!	Bonsoir! [bongsuar]
Hallo!/Grüß dich!	Salut! [salü]
Wie ist Ihr Name, bitte?	Comment vous appelez-vous? [kommang wus_apleh wu]
Wie heißt du?	Comment tu t'appelles? [kommang tü tapäl]
Wie geht es Ihnen/dir?	Comment allez-vous/vas-tu? [kommangt_aleh wu/wa tü]
Danke. Und Ihnen/dir?	Bien, merci. Et vous-même/toi? [bjäng märsi. eh wu mäm/tua]

SPRACHFÜHRER FRANZÖSISCH

Auf Wiedersehen!	Au revoir! [oh röwuar]
Tschüs!	Salut! [salü]
Bis bald!	A bientôt! [a bjängtoh]

■ UNTERWEGS ■

AUSKUNFT

links/rechts	à gauche [a gohsch]/à droite [a druat]
geradeaus	tout droit [tu drua]
Bitte, wo ist …?	Pardon, où se trouve …, s.v.p.? [pardong, us truw … sil wu plä]
Wie weit ist das?	C'est à combien de kilomètres d'ici? [sät a kongbjängd kilomätrö disi]
Welches ist der kürzeste Weg nach/zu …?	Quel est le chemin le plus court pour aller à …? [käl äl schömäng lö plü kur pur aleh a]

PANNE

Ich habe eine Panne.	Je suis en panne. [schö süis ang pan]
Würden Sie mir bitte einen Abschleppwagen schicken?	Est-ce que vous pouvez m'envoyer une dépanneuse, s.v.p.? [äs kö wu puweh mangwuajeh ün deh panöhs sil wu plä]
Gibt es hier in der Nähe eine Werkstatt?	Est-ce qu'il y a un garage près d'ici? [äs kil ja äng garasch prä disi]
… ist defekt.	… est défectueux. [ä dehfäktüöh]

TANKSTELLE

Wo ist bitte die nächste Tankstelle?	Pardon, Mme/Mlle/M., où est la station-service la plus proche, s.v.p.? [pardong madam/madmuasäl/mösjöh u ä la stasjong särwis la plü prosch sil wu plä]
Ich möchte … Liter.	… litres, s'il vous plaît. [litrö sil wu plä]
Diesel.	Du gasoil. [dü gasual]
bleifrei/mit … Oktan.	Du sans-plomb/… octanes. [dü sang plong/… oktan]
Volltanken, bitte.	Le plein, s.v.p. [lö pläng sil wu plä]

UNFALL

Hilfe!	Au secours! [oh skur]
Achtung!	Attention! [atangsjong]

Vorsicht!
Rufen Sie bitte schnell …
   … einen Krankenwagen.
   … die Polizei.
   … die Feuerwehr.
Können Sie mir bitte Ihren
Namen und Ihre Anschrift
geben?

Attention! [atangsjong]
Appelez vite … [apleh wit]
   … une ambulance. [ün_angbülangs]
   … la police. [la polis]
   … les pompiers. [leh pongpjeh]
Pouvez-vous me donner votre nom
et votre adresse? [wu puweh mö donneh
wottrö nong eh wottr_adräs]

◼ ESSEN/UNTERHALTUNG

Wo gibt es hier …

   … ein gutes Restaurant?

   … ein nicht zu teures
   Restaurant?
Reservieren Sie uns bitte
für heute Abend einen
Tisch für vier Personen.

Wo sind bitte die
Toiletten?
Auf Ihr Wohl!

Bezahlen, bitte.
Hat es geschmeckt?
Das Essen war
ausgezeichnet.

Vous pourriez m'indiquer…
[wu purjeh mängdikeh]
   … un bon restaurant?
   [äng bong rästorang]
   … un restaurant pas trop cher?
   [äng rästorang pa troh schär]
Je voudrais réserver une table pour ce
soir, pour quatre personnes.
[schwudrä rehsärweh ün tablö pur sö suar
pur kat pärsonn]
Où sont les W.-C., s.v.p.?
[u song leh wehseh sil wu plä]
A votre santé!/A la vôtre!
[a wottr sangteh/a la wohtr]
L'addition, s.v.p. [ladisjong sil wu plä]
C'était bon? [sehtä bong]
Le repas était excellent.
[lö röpa ehtät_äksälang]

◼ ÜBERNACHTUNG

Können Sie mir bitte ein
gutes Hotel empfehlen?

Haben Sie noch …

   … ein Einzelzimmer?

   … ein Zweibettzimmer?

   … mit Bad?

   … für eine Nacht?

Pardon, Mme/Mlle/M., pourriez-vous
me recommander un bon hôtel?
[pardong madam/madmuasäl/mösjöh
purjeh-wu rökommangdehäng
bonn_ohtäl]
Est-ce que vous avez encore …
[äs_kö wus_aweh angkorr]
   … une chambre pour une personne?
   [ün schangbr pur ün pärsonn]
   … une chambre pour deux personnes? [ün schangbr pur döh pärsonn]
   … avec salle de bains?
   [awäk sal dö bäng]
   … pour une nuit? [pur ün nüi]

… für eine Woche?

… pour une semaine?
[pur ün sömän]

Was kostet das Zimmer Frühstück?

Quel est le prix de la chambre, mit petit déjeuner compris? [käl_ä lö prid la schangbr pti dehschöneh kongpri]

■ PRAKTISCHE INFORMATIONEN ■

ARZT

Können Sie mir einen guten Arzt empfehlen?

Pourriez-vous me recommander un bon médecin, s.v.p.? [purjeh-wu rö kommangdeh äng bong mehdsäng sil wu plä]

Ich habe Fieber.
Ich habe hier Schmerzen.

J'ai de la fièvre. [scheh dla fjäwr]
J'ai mal ici. [scheh mal isi]

POST

Was kostet …

Quel est le tarif pour affranchir …
[käl_ä lö tarif pur afrangschir]

… eine Postkarte …

… des cartes postales …
[deh kart postal]

… nach Deutschland?

… pour l'Allemagne?
[pur lalmanj]

■ ZAHLEN ■

0	zéro [sehroh]	20	vingt [wäng]
1	un, une [äng, ühn]	21	vingt et un, une
2	deux [döh]		[wängt_eh äng, ühn]
3	trois [trua]	22	vingt-deux [wängt döh]
4	quatre [katr]	30	trente [trangt]
5	cinq [sängk]	40	quarante [karangt]
6	six [sis]	50	cinquante [sängkangt]
7	sept [sät]	60	soixante [suasangt]
8	huit [üit]	70	soixante-dix [suasangt dis]
9	neuf [nöf]	80	quatre-vingt [katrö wäng]
10	dix [dis]	90	quatre-vingt-dix
11	onze [ongs]		[katrö wäng dis]
12	douze [dus]	100	cent [sang]
13	treize [träs]	200	deux cents [döh sang]
14	quatorze [kators]	1000	mille [mil]
15	quinze [kängs]	2000	deux mille [döh mil]
16	seize [säs]	10000	dix mille [di mil]
17	dix-sept [disät]		
18	dix-huit [disüit]	1/2	un demi [äng dmi]
19	dix-neuf [disnöf]	1/4	un quart [äng kar]

Ajaccio

> UNTERWEGS AUF KORSIKA

Die Seiteneinteilung für den Reiseatlas finden Sie auf dem hinteren Umschlag dieses Reiseführers

REISE
ATLAS

A B C

1

5 km

2

M e r

M é d i t e r r a n é e

3

4

Punta
di Malfalcu

Alga Putri

d'C

Punta
di l'Acciolu

Desert

Cima d'Ifana
479

5

*Anse
de Peralola*

Ifana

Ifana (311)

Bocca
di Vezz

Nice
Toulon
Marseille
Savona

Île de
la Pietra

L'ÎLE
ROUSSE

Isula Rossa

Guardiola

S.Vicensu

Lozari

L'Ozari
Village
de Vacances

Ogliastro

Petra
Moneta

La Balanina

Campu Pianu/

68

Punta
di Vallitone

Marine de Davia

7

Algajola

197

Corbara
Corbara

53

Monticello
U Monticellu

M.Negru
300

396

Regino

8

362

12

Osticoni

1197

marine de

Marina de
Méditerranée

Club

Citadelle
Le Corbara

*La
Trinité*

151

14

11

Couvent

Regino
U Regino

Palasca

Novella
Nuvella
652

6

563

Lumio/Lumiu

Lavatoghju/U Lavatoghju

71

Aregno

San
Petru

Col

*Sant'
Antoninu/Sant'Antomiu*

(497)

Sant'
Antonino

La

Belgodere/
Belgude

Costa

963

Occhiatana/Ochjatana

Toccone/U Toccone

(692)

Cima di
Mitilelli

Camp Raffalli

336

(50)

du Salvi

Muro

rato

455

Balagne

Ville-di-Parasu
(550)

Bocca
Capanna

605

197

Col

Rainero

17

123

Nessa
Nesce

120

(844)

19

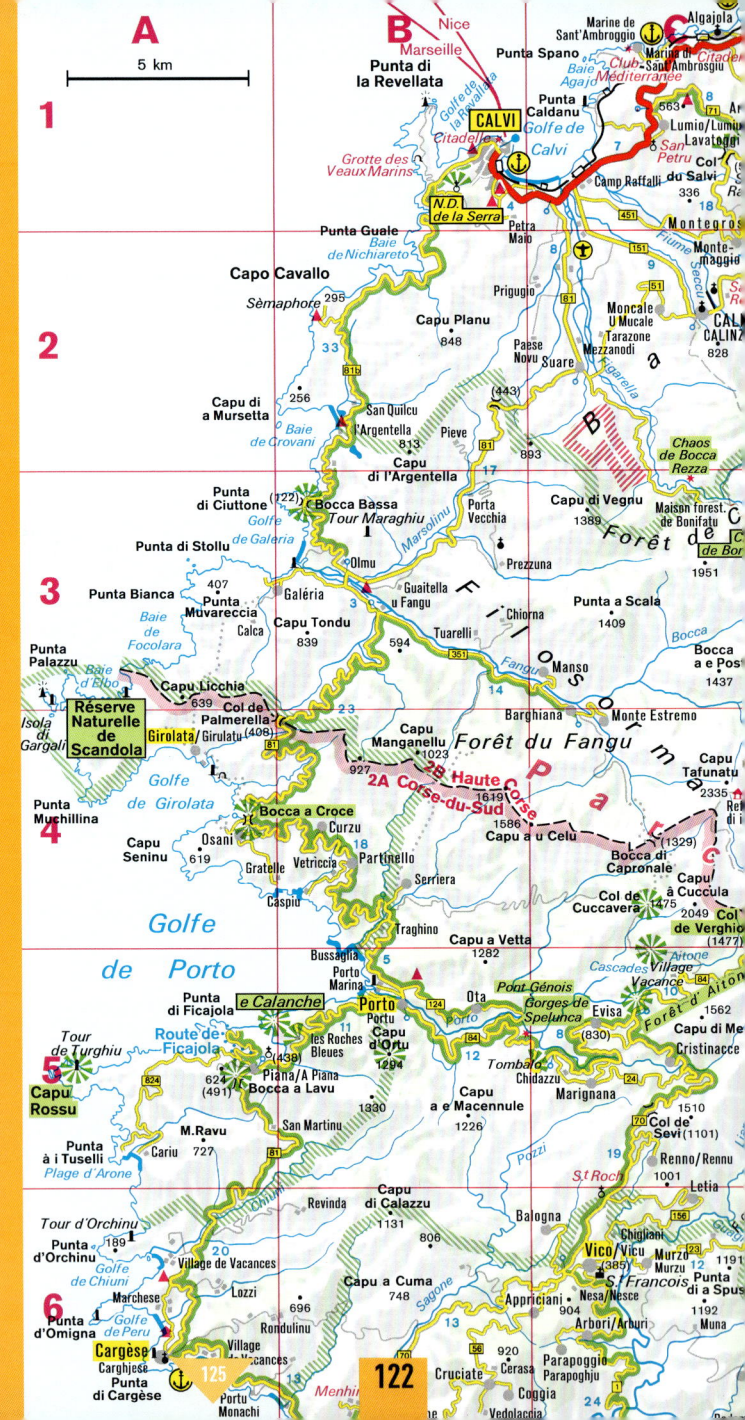

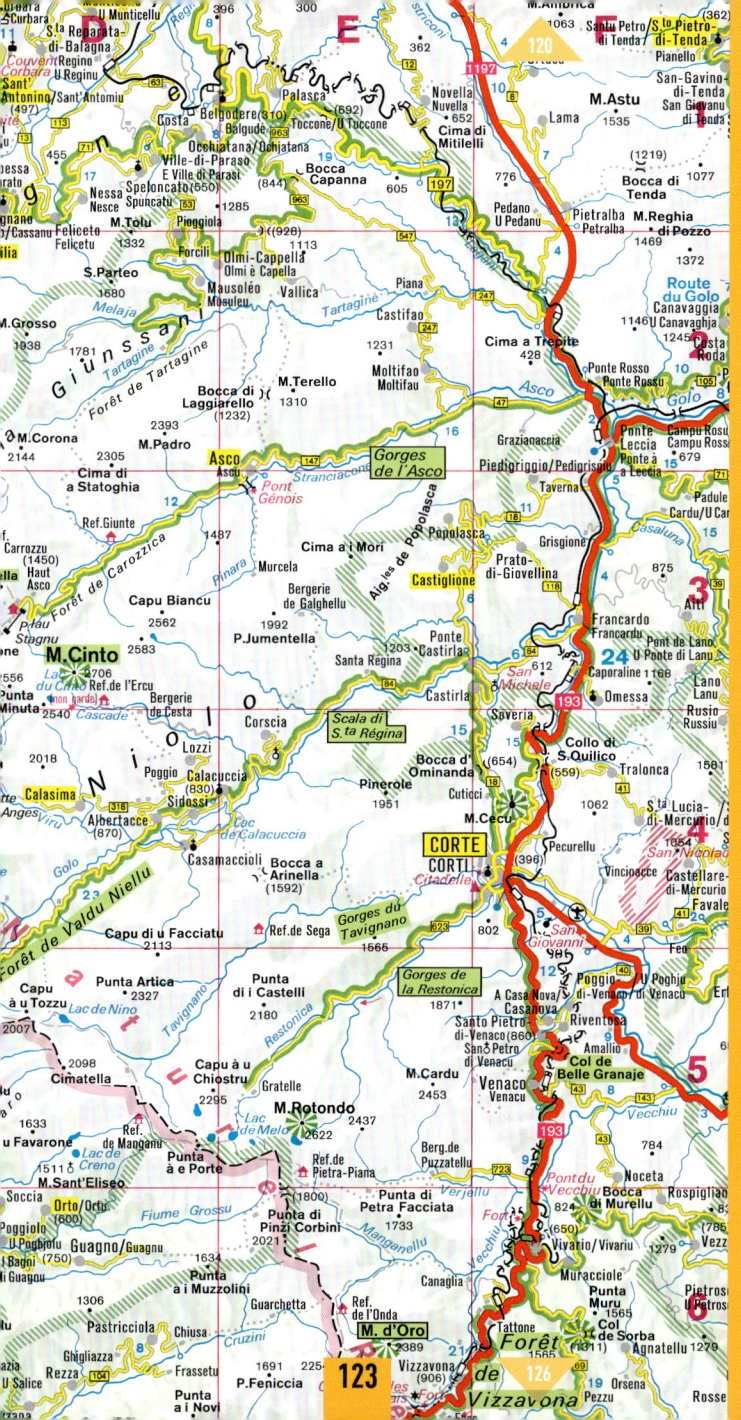

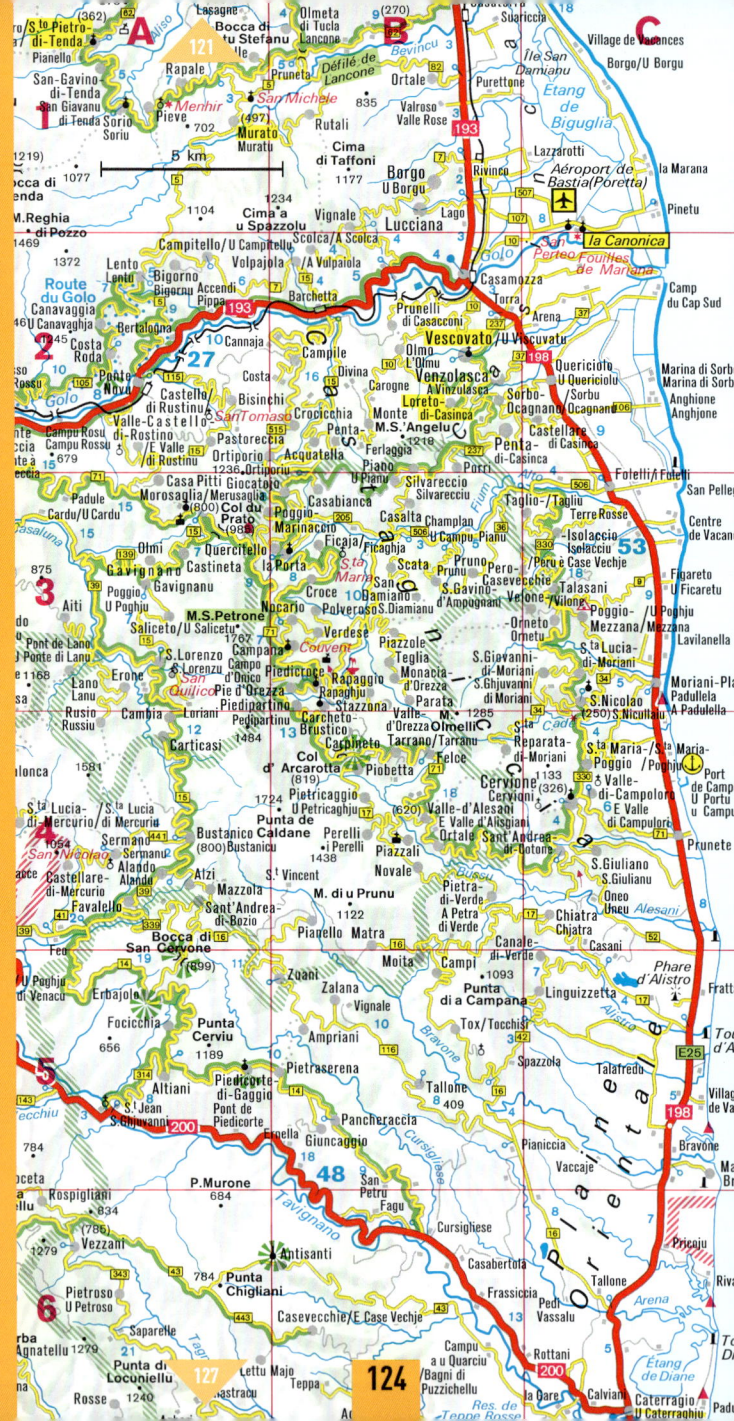

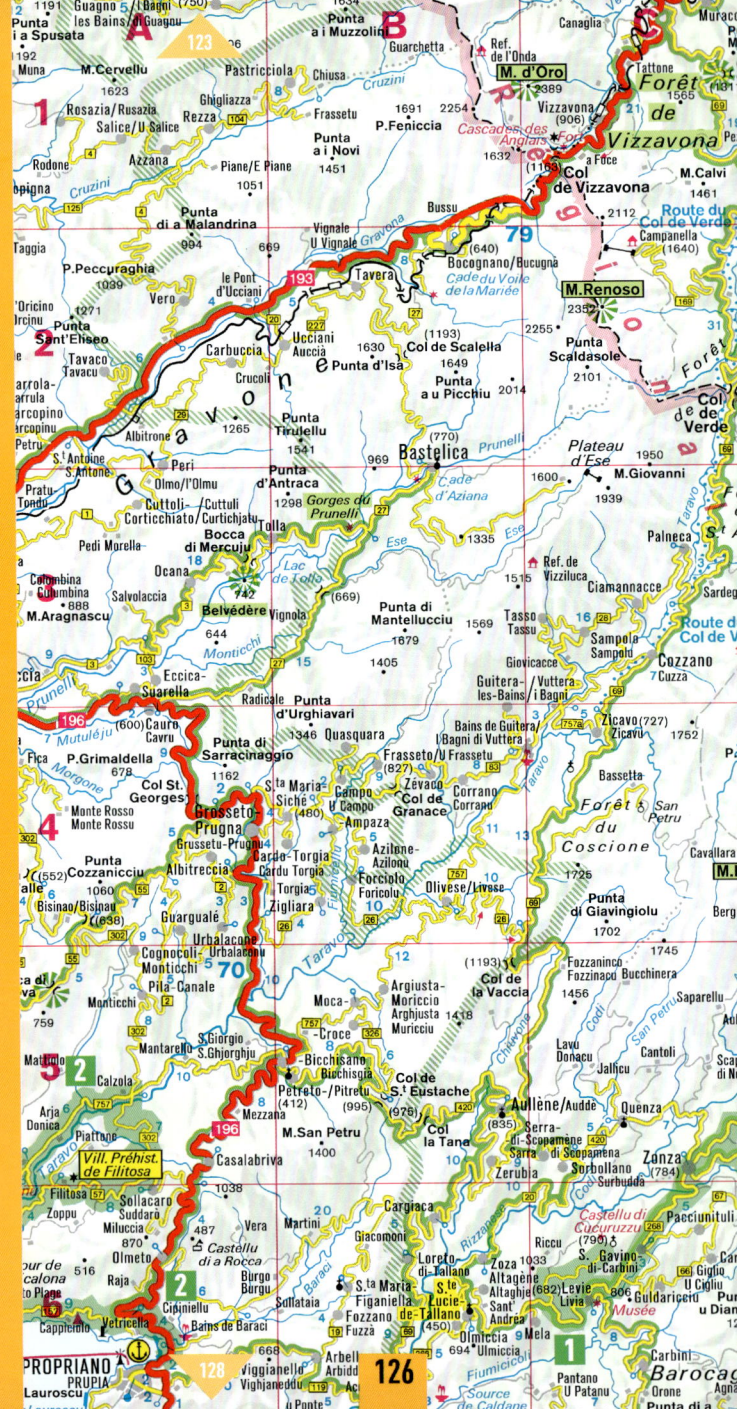

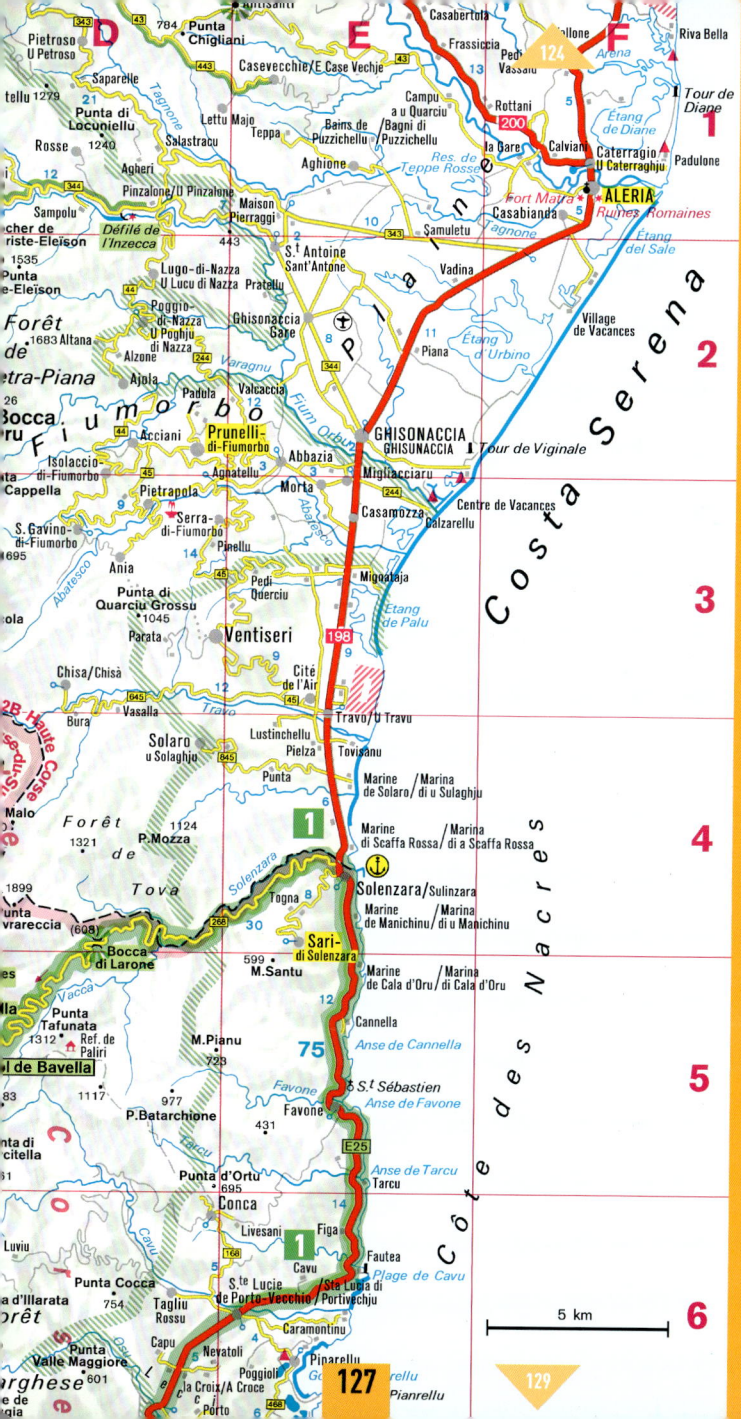

KARTENLEGENDE

Autobahn mit Anschlussstelle - Mautstelle		Motorway with junction - Toll
Autobahn in Bau - geplant		Motorway under construction - projected
Tankstelle - Rasthaus - mit Motel		Filling station - Restaurant - with motel
Vierspurige Straße - in Bau		Road with four lanes - under construction
National- oder Staatsstraße - in Bau		Trunk road - under construction
Wichtige Hauptstraße - in Bau		Important main road - under construction
Hauptstraße - Nebenstraße		Main road - Secondary road
Fahrweg - Fußweg		Practicable road - Foothpath
Passstraße mit Wintersperre - Steigung		Mountain pass closed in winter - Gradient
Für Wohnwagen nicht empfehlenswert - gesperrt		Not suitable for caravans - closed
Gebührenpflichtige Straße - Für Kfz gesperrt		Toll road - Road closed for motor traffic
Hauptbahn mit Bahnhof - Nebenbahn		Main railway with station - Other railway
Eisenbahn (Güterverkehr) - Autoverladung		Railway (freight haulage) - Railway ferry for cars
Zahnradbahn - Seilbahn - Sessellift		Rack-railway - Cable lift - Chair lift
Autofähre - Schifffahrtslinie		Car ferry - Shipping route
Flughafen - Regionalflughafen - - Flugplatz - Segelflugplatz		Airport - Regional airport - - Airfield - Gliding field
Besonders sehenswerter Ort		Place of particular interest
Besondere Naturenswürdigkeit		Natural object of particular interest
Sonstige Sehenswürdigkeit		Other objects of interest
Landschaftlich schöne Strecke		Scenic road
Touristenstraße		Tourist route
Nationalpark, Naturpark - Aussichtspunkt		National park, nature park - Viewpoint
Botanischer Garten, sehenswerter Park - - Zoologischer Garten		Botanical gardens, interesting park - - Zoological garden
Burg, Schloss für Besucher zugänglich - Ruine		Castle open to public - Ruin
Sonstige Burg, Schloss - Kirche - Kloster - Ruinen		Other castle - Church - Monastery - Ruins
Turm - Funk- oder Fernsehturm		Tower - Radio- or TV tower
Denkmal - Leuchtturm		Monument - Lighthouse
Golfplatz - Jachthafen		Golf-course - Marina
Hotel, Motel, Gasthaus - Berghütte - Feriendorf		hotel, motel, inn - Mountain hut - Tourist colony
Campingplatz - Jugendherberge		Camping - Youth hostel
Strandbad - Schwimmbad - Heilbad		Bathing place - Swimming pool - Spa
Staatsgrenze		State boundary
Grenzkontrollstelle international - - mit Beschränkung		International check-point - - Check-point with restrictions
Verwaltungsgrenze - Sperrgebiet		Administrative boundary - Restricted area
Ausflüge & Touren		Excursions & tours

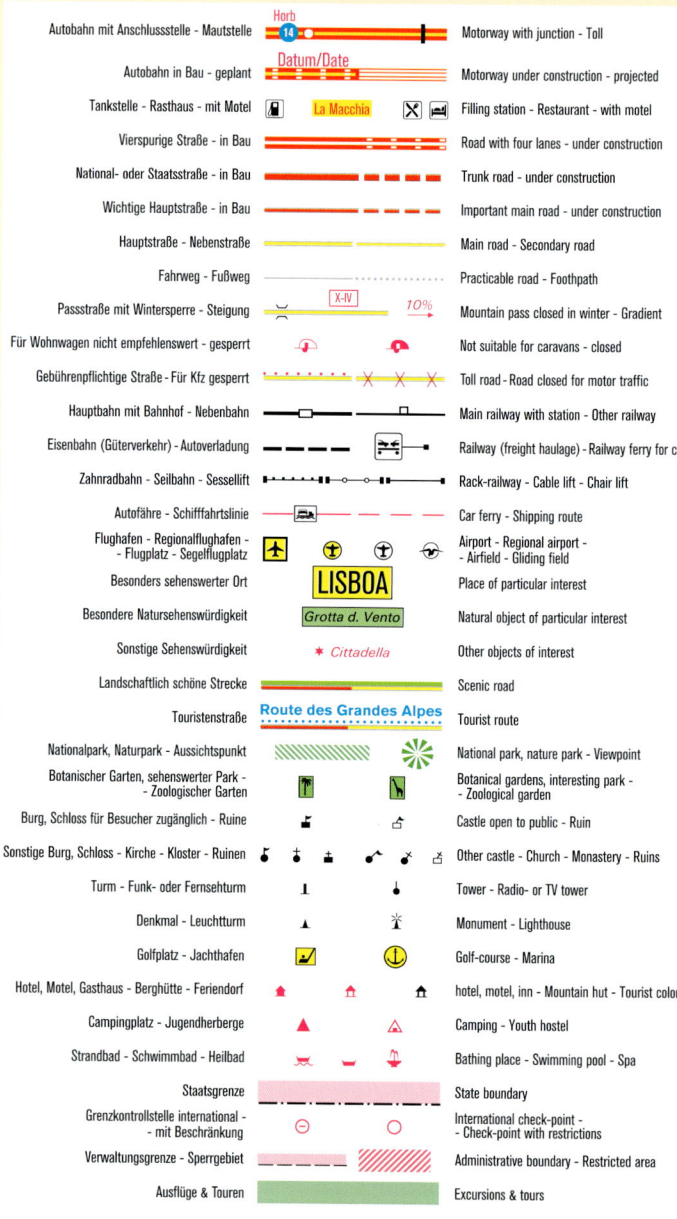

FÜR IHRE NÄCHSTE REISE

gibt es folgende MARCO POLO Titel:

REGISTER

In diesem Register sind alle im Reiseführer erwähnten Sehenswürdigkeiten und Ausflugsziele aufgeführt. Halbfette Seitenzahlen verweisen auf den Haupteintrag.

> *www.marcopolo.de/korsika*

SCHREIBEN SIE UNS

Liebe Leserin, lieber Leser,

wir setzen alles daran, Ihnen möglichst aktuelle Informationen mit auf die Reise zu geben. Dennoch schleichen sich manchmal Fehler ein – trotz gründlicher Recherche unserer Autoren/innen. Sie haben sicherlich Verständnis, dass der Verlag dafür keine Haftung übernehmen kann.

Wir freuen uns aber, wenn Sie uns schreiben.

Senden Sie Ihre Post an die MARCO POLO Redaktion, MAIRDUMONT, Postfach 3151, 73751 Ostfildern, info@marcopolo.de

IMPRESSUM

Titelbild: Plage de Palambaggio, Katamaran (Look: Richter)
Fotos: Altru latu: Philippe Blanchet (13 o.); A Siesta (99 M.l.); Cathy Astolfi (12 u.); Corsica Forest: Joao Duarte für Le T'Chat et la Souris (14 u.); Escale Côté Sud: Olivier Gomez (99 u.r.); ©fotolia.com: DWP (14 M.), ines 1302 (14 o.), simon gurney (98 M.l.), Isame (98 o.l.), Claus Mikosch (99 M.r.); R. Hackenberg (4 r., 28/29, 37, 68/69, 82/83, 94/95, 97); HB Verlag: Widmann (U. r., 2 l., 3 r., 18, 23, 24/25, 41, 45, 50, 51, 52, 55, 57, 60, 63, 65, 67, 71, 73, 74, 76, 79, 84, 86, 92, 100/101, 104/105); Hôtel Le Pinarello (15 o.); ©iStockphoto.com: claudia castaldi (13 u.), Roland Vidmar (99 o.l.); Renate Kühn (12 o., 98 M.r., 98 u.r.); Look: Richter (1); Machja (15 u.); M. Peretti (134); Silvestris: Stadler (22); O. Stadler (5, 6/7, 11, 16/17, 30/31, 35, 48/49, 58/59, 80/81); T. Stankiewicz (8/9, 29, 91, 118/119); T.P. Widmann (U. l., U. M., 2 l., 3 M., 4 l., 21, 22/23, 26, 27, 28, 32, 38, 42, 47, 70, 88, 102, 103, 107, 131)

12., aktualisierte Auflage 2011
© MAIRDUMONT GmbH & Co. KG, Ostfildern
Chefredaktion: Michaela Lienemann (Konzept, Chefin vom Dienst), Marion Zorn (Konzept, Textchefin)
Autorin: Karen Nölle-Fischer, Bearbeitung: Julia Kühling; Redaktion: Arnd M. Schuppius
Programmbetreuung: Silwen Randebrock; Bildredaktion: Gabriele Forst
Szene/24h: wunder media, München
Kartografie Reiseatlas: © MAIRDUMONT, Ostfildern
Innengestaltung: Zum goldenen Hirschen, Hamburg; Titel/S. 1–3: Factor Product, München
Sprachführer: in Zusammenarbeit mit Ernst Klett Sprachen GmbH, Stuttgart, Redaktion PONS Wörterbücher

> UNSERE INSIDERIN

MARCO POLO Korrespondentin Julia Kühling im Interview

Julia Kühling arbeitet auf Korsika als Umwelterzieherin und als Wanderführerin. Außerdem führt sie auf der Insel ein Gästehaus.

Sie leben seit über zehn Jahren auf Korsika. Wie ist es dazu gekommen?

Nach Abschluss meines Studiums der Kommunikationswissenschaft hatte ich Lust, Korsika und den berühmten Fernwanderweg GR 20 zu erforschen. Während der Wanderung habe ich einen netten Korsen kennengelernt. Zurück in Deutschland habe ich in meinem Beruf gearbeitet, dann wurde aber der „Ruf der Wildnis" und des Herzens zu stark. Ich lebe in einem kleinen Dorf mit 20 Einwohnern, mitten in den Bergen.

Was machen Sie beruflich auf Korsika?

Ich bin Beamtin im regionalen Naturpark Korsikas und arbeite im Bereich Jugend- und Erwachsenenbildung. Ich gehe vor allem in die Schulen und mache Umweltsensibilisierung.

Kommen Sie viel auf der Insel herum?

Mein Job beinhaltet viele Einsätze außerhalb meiner normalen Tätigkeit: Mit meinen Kollegen bin ich auf Veranstaltungen und Fortbildungen auf der ganzen Insel präsent. Außerdem bin ich viel auf der Insel gewandert. Und als hier Ansässige bekommt man das ganze Jahr über eine Menge Details

mit, die ich in meiner Eigenschaft als MARCO POLO Autorin natürlich gerne an Korsika-Reisende weitergebe.

Was reizt Sie an Korsika, und was mögen Sie nicht so?

Korsika ist eine wunderschöne Insel, aber alleine ließe es sich hier im Bergland nur schwer aushalten. Meine Beziehung, meine Arbeit und diverse Aktivitäten geben mir den notwendigen Rahmen zum Wohlfühlen. – Was ich nicht so mag, sind die vielen Kurven.

Sprechen Sie korsisch?

Im Alltag spreche ich französisch, das habe ich in der Schule gelernt. Um im Erziehungswesen tätig zu sein, ist es notwendig, korsisch zumindest ansatzweise zu verstehen. Zunächst habe ich begonnen, mir die Sprache durch Zuhören und Nachfragen zu erschließen. Dann habe ich ein Jahr lang Abendkurse besucht. Dort hatte ich den gleichen Korsischlehrer wie meine Schüler ...

Mögen Sie die korsische Küche?

Ich koche leidenschaftlich gerne. Und die korsische Küche hat so einiges zu bieten. Meine Favoriten: *brocciu, figatellu* und *pulenda (das* Winteressen) sowie Bachforelle auf heißem Stein gebraten. Wichtig ist für mich auch, dass es hier noch viele naturbelassene Lebensmittel gibt: Man kann ein Schaf direkt von der Weide beim Schäfer kaufen, einen Fisch angeln und eine Orange vom Baum pflücken ...

10 € GUTSCHEIN
für Ihr persönliches Fotobuch*!

Gilt aus rechtlichen Gründen nur bei Kauf des Reiseführers in Deutschland und der Schweiz

SO GEHT'S: Einfach auf www.marcopolo.de/fotoservice/gutschein gehen, Wunsch-Fotobuch mit den eigenen Bildern gestalten, Bestellung abschicken und dabei Ihren Gutschein mit persönlichem Code einlösen.

Ihr persönlicher Gutschein-Code: mp4r82g4n5

MARCO POLO

MEINE REISE
Die schönsten Erinnerungen

Erlebe Deine Bilder!

Zum Beispiel das MARCO POLO FUN A5 Fotobuch für 7,49 €.

www.marcopolo.de/fotoservice/gutschein

> BLOSS NICHT!

Die Natur unterschätzen

Korsika ist kein gezähmtes Urlaubsparadies. Am Meer können ablandige Winde – vor allem ab nachmitags bis in die Abendstunden – für ungeübte Surfer oder Kinder mit Luftmatratzen gefährlich werden. Flüsse können plötzlich ansteigen und Wege überfluten – wie groß der Respekt vor Hochwasser sein sollte, bezeugen die hohen Brückenbögen. Wer in die Macchia wandert, sollte angemessen ausgerüstet sein und sich an Wege halten oder über solide Kenntnisse im Kartenlesen verfügen. Viel Trinkwasser mitnehmen! Nahezu jedes Jahr im Hochsommer gibt es Kältetode im Gebirge. Haben Sie immer warme Sachen im Rucksack, und kehren Sie um, wenn Nebel oder Gewitter aufziehen.

Leichtsinnig mit Feuer umgehen

Jahr für Jahr zerstören Brände den Baumbestand in großen Teilen der Insel, bedrohen Mensch und Vieh. Daher ist äußerste Vorsicht geboten. Werfen Sie keine brennenden Zigaretten aus dem Auto und lassen Sie keinerlei Müll liegen. In den Sommermonaten sind Feuer überall verboten. Bei besonderer Trockenheit ist neben dem Rauchen im Wald auch der Zugang zu besonders gefährdeten Gebirgsmassiven untersagt. Forstbeamte patrouillieren!

Zu schnell fahren

Auf Korsika können Sie nie vorsichtig genug fahren. Frei herumlaufendes Vieh, fehlende Randbefestigungen an manchen Bergstraßen, die allgegenwärtigen Kurven und die rasante Fahrweise der Einheimischen sind ernst zu nehmende Risikofaktoren. Versuchen Sie auch nicht, so sportlich wie die Korsen zu fahren – die kennen jeden Zentimeter der Straße wie ihre Westentasche! Am besten mäßigen Sie Ihr Tempo und fahren insbesondere in den Kurven immer schön rechts.

Wertsachen im Auto lassen

Auch auf Korsika gilt: Neueste Mobiltelefone, Kameras, Uhren, Schmuck, Handtaschen u. Ä. stets bei sich führen, im Hotelsafe deponieren oder vor neugierigen Blicken geschützt im Kofferraum des Wagens verstauen. Lassen Sie sich dabei nicht zuschauen.

Sorglos Wasser verbrauchen

Auf Korsika schneit es seit einigen Jahren im Winter nicht genug. Viele kleine Quellen und Dorfbrunnen trocknen aus. Helfen Sie mit, dass aus einer bislang wasserreichen Insel kein ausgedörrtes Land wird.

Frei laufende Tiere füttern

Herumlaufende Hausschweine haben schnelle Reaktionen und scharfe Zähne und machen keinen Unterschied zwischen Kinderfingern und hingehaltenem Brot. Hunde lassen Sie am besten in Frieden, es sind meist Wachhunde, die nicht an Zärtlichkeiten gewöhnt sind.